S0-FDL-066

Dieser Band soll ein umfassendes Weihnachtsbuch der Lieder sein, mit Noten zum Singen und zum Spielen, mit vollständigen Texten und Illustrationen zum Beschauen, etwa hundert Weihnachtslieder, die meisten alten und bekannten, einige neue, einige unbekannte, die meisten in deutscher Sprache, einige aus fremden Ländern; Adventslieder, Nikolauslieder, Winterlieder, Weihnachtslieder, Hirtenlieder, Hirtenspiele, Wiegenlieder, Neujahrslieder, Sternsingelieder und Dreikönigslieder. Ihre reichhaltige Tradition zeigt, auf wie vielfältige Weise sich die Menschen durch die Jahrhunderte dem weihnachtlichen Ereignis genähert haben; daß innige Ergriffenheit in ihnen ebenso Platz hat wie derbe Situationskomik, subtile Allegorie ebenso wie spießbürgerliche Moral, tiefsinnige theologische Spekulation wie oberflächliches Behagen. Die Lieder sind in Themengruppen zusammengefaßt, die sich enger oder weiter um das zentrale Weihnachtsmotiv angesiedelt haben: das Kind, der Tag, die Geburt, die Eltern, der Stall, die Engel, die Hirten, die Könige.

insel taschenbuch 157
Das Weihnachtsbuch
der Lieder

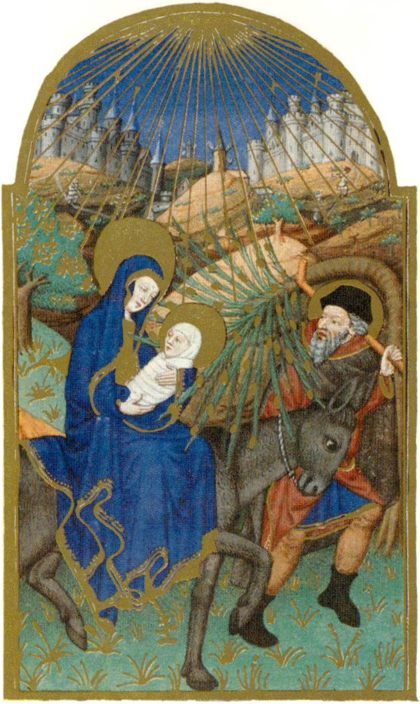

Das Weihnachtsbuch der Lieder

MIT ALTEN UND NEUEN
LIEDERN ZUM SINGEN
UND SPIELEN
AUSGEWÄHLT VON
GOTTFRIED NATALIS
MIT EINEM NACHWORT
VON ERNST KLUSEN
INSEL VERLAG

insel taschenbuch 157
1. Auflage 1975
© dieser Ausgabe beim Insel Verlag, Frankfurt am Main 1975. Alle Rechte vorbehalten.
Quellenhinweise am Schluß des Bandes.
Vertrieb durch den Suhrkamp Taschenbuch Verlag. Umschlag nach Entwürfen von Willy Fleckhaus.
Satz: Librisatz, Kriftel
Druck: Ebner, Ulm
Printed in Germany

INHALT

Macht hoch die Tür
Der Advent
9

Alle Jahre wieder
Die Weihnachtszeit
33

Wer klopfet an
Die Herbergssuche
55

Es kam ein Engel hell und klar
Die Engel
59

Als ich bei meinen Schafen wacht'
Die Hirten
67

Stille Nacht, heilige Nacht
Die Geburt des Kindes
89

Joseph, lieber Joseph mein
Das Wiegen
105

Sei uns willkommen
Die Weihnacht
115

Das neue Jahr
151

Wie schön leucht' uns der Morgenstern
Die drei Könige
155

Hört uns're Botschaft
Weihnachten in aller Welt
165

MACHT HOCH DIE TÜR
Der Advent

MACHT HOCH DIE TÜR

1. Macht hoch die Tür, die Tor macht weit,
es kommt der Herr der Herrlichkeit,
ein König aller Königreich,
ein Heiland aller Welt zugleich,
der Heil und Leben mit sich bringt;
derhalben jauchzt, mit Freuden singt:
Gelobet sei mein Gott,
mein Schöpfer reich von Rat.

2. Er ist gerecht, ein Helfer wert;
Sanfmütigkeit ist sein Gefährt,
sein Königskron ist Heiligkeit,
sein Zepter ist Barmherzigkeit;
all unser Not zum End er bringt,
derhalben jauchzt, mit Freuden singt:
Gelobet sei mein Gott,
mein Heiland groß von Tat.

3. O wohl dem Land, o wohl der Stadt,
so diesen König bei sich hat.
Wohl allen Herzen insgemein,
da dieser König ziehet ein.
Er ist die rechte Freudensonn,
bringt mit sich lauter Freud und Wonn.
Gelobet sei mein Gott,
mein Tröster früh und spat.

4. Macht hoch die Tür, die Tor macht weit,
euer Herz zum Tempel zubereit'.
Die Zweiglein der Gottseligkeit
steckt auf mit Andacht, Lust und Freud,
so kommt der König auch zu euch,
ja Heil und Leben mit zugleich.
Gelobet sei mein Gott
voll Rat, voll Tat, voll Gnad.

5. »Komm, o mein Heiland Jesu Christ,
meins Herzens Tür Dir offen ist;
ach zeuch mit Deiner Gnaden ein,
Dein Freundlichkeit auch uns erschein.
Dein Heilger Geist uns führ und leit
den Weg zur ewgen Seligkeit.
Dem Namen Dein, o Herr,
sei ewig Preis und Ehr.«

Melodie: Gesangbuch J. A. Freylinghausen 1704;
Text: Georg Weißel

ES KOMMT EIN SCHIFF GELADEN

1. Es kommt ein Schiff, geladen
bis an sein' höchsten Bord,
trägt Gottes Sohn voll Gnaden,
des Vaters ewigs Wort.

2. Das Schiff geht still im Triebe,
es trägt ein teure Last;
das Segel ist die Liebe,
der Heilig Geist der Mast.

3. Der Anker haft' auf Erden,
da ist das Schiff am Land.
Das Wort will Fleisch uns werden,
der Sohn ist uns gesandt.

4. Zu Bethlehem geboren
im Stall ein Kindelein,
gibt sich für uns verloren:
Gelobet muß es sein.

5. Und wer dies Kind mit Freuden
umfangen, küssen will,
muß vorher mit ihm leiden
groß Pein und Marter viel,

6. danach mit ihm auch sterben
und geistlich auferstehn,
das ewig Leben erben,
wie an ihm ist geschehn.

7. Maria, Gottes Mutter,
gelobet mußt du sein.
Jesus ist unser Bruder,
das liebe Kindelein.

Text: Elsaß 15. Jh.,
bearbeitet von Daniel Sudermann um 1626;
Melodie: Andernacher Gesangbuch, Köln 1608

WACHET AUF, RUFT UNS DIE STIMME

„Wa-chet auf", ruft uns die Stim - me
Mit-ter-nacht heißt die-se Stun - de;

der Wäch - ter sehr hoch auf der Zin - ne,
sie ru - fen uns mit hel - lem Mun - de:

„wach auf, du Stadt Je - ru - sa - lem."
„Wo seid ihr klu - gen Jung-frau - en?

Wohl-auf, der Bräut-gam kommt; steht auf, die
Lam-pen nehmt. Hal - le - lu - ja. Macht euch be-reit
zu der Hoch-zeit, ihr müs-set ihm ent-ge-gen-gehn."

1. »Wachet auf«, ruft uns die Stimme
der Wächter sehr hoch auf der Zinne,
»wach auf, du Stadt Jerusalem.«
Mitternacht heißt diese Stunde;
sie rufen uns mit hellem Munde:
»Wo seid ihr klugen Jungfrauen?

Wohlauf, der Bräutigam kommt;
steht auf, die Lampen nehmt.
Halleluja.
Macht euch bereit zu der Hochzeit,
ihr müsset ihm entgegengehn.«

2. Zion hört die Wächter singen;
das Herz tut ihr vor Freude springen,
sie wachet und steht eilend auf.
Ihr Freund kommt vom Himmel prächtig,
von Gnaden stark, von Wahrheit mächtig;
ihr Licht wird hell, ihr Stern geht auf.
»Nun komm, du werte Kron,
Herr Jesu, Gottes Sohn.
Hosianna.
Wir folgen all zum Freudensaal
und halten mit das Abendmahl.«

3. Gloria sei dir gesungen
mit Menschen- und mit Engelzungen,
mit Harfen und mit Zimbeln schön.
Von zwölf Perlen sind die Tore
an deiner Stadt; wir stehn im Chore
der Engel hoch um deinen Thron.
Kein Aug hat je gespürt,
kein Ohr hat mehr gehört
solche Freude.
Des jauchzen wir und singen dir
das Halleluja für und für.

Melodie: vor 1598; Text: Philipp Nicolai 1599

WIE SCHÖN LEUCHT' UNS DER MORGENSTERN

1. Wie schön leucht' uns der Morgenstern
voll Gnad und Wahrheit vor dem Herrn,
uns prächtig aufgegangen!
Du Jesses Blüte, Davids Sohn,
mein Heiland auf dem Himmelsthron,
du hast mein Herz umfangen.
Lieblich, freundlich, schön und prächtig,
hoch und mächtig, reich an Gaben,
hoch und wunderbar erhaben.

2. Du helle Perle, werte Kron,
du Gottes und Mariä Sohn,
mein König, hochgeboren!
Du Rosenblüte, Lilienreis,
du Himmelsblume, rot und weiß,
dich hab ich auserkoren!
Nach dir steht mir mein Gemüte, ew'ge Güte,
all mein Sehnen ruft nach dir mit Freudentränen.

3. Von dir kommt mir ein Freudenlicht,
wenn du mit deinem Angesicht
mich freundlichst tust anblicken.
O Jesu, du mein höchstes Gut,
dein Wort, dein Geist, dein Fleisch und Blut,

mich innerlich erquicken.
Nimm mich freundlich in die Arme,
Herr, erbarme dich in Gnaden!
Auf dein Wort komm ich geladen.

4. Nun greifet in die Saiten frei
und laßt die süße Melodei
ganz freudenreich erschallen,
daß ich mit meinem Herrn und Christ,
der meiner Seele Leben ist,
in steter Lieb mög wallen!
Singet, klinget, jubilieret, triumphieret,
dankt dem Herren, dankt dem König aller Ehren!

5. Wie bin ich doch so herzlich froh,
daß mein Herr ist das A und O,
der Anfang und das Ende!
Er wird mich einst zu seinem Preis
aufnehmen in das Paradeis,
mir reichen seine Hände.
Amen, Amen, komm, du schöne Freudenkrone,
bleib nicht lange, deiner wart ich mit Verlangen!

Melodie: Nach Philipp Nicolai (1556–1608),
Frankfurt a. M. 1599; Text in jüngerer Fassung

MARIA DURCH EIN' DORNWALD GING

1. Maria durch ein' Dornwald ging, Kyrie eleison,
Maria durch ein' Dornwald ging,
der hat in sieben Jahrn kein Laub getragen,
Jesus und Maria.

2. Was trug Maria unter ihrem Herzen? Kyrie eleison.
Ein kleines Kindlein ohne Schmerzen,
das trug Maria unter ihrem Herzen.
Jesus und Maria.

3. Da haben die Dornen Rosen getragen, Kyrie eleison,
als das Kindlein durch den Wald getragen,
da haben die Dornen Rosen getragen.
Jesus und Maria.

Melodie: Vom Eichsfeld;
Text: Nach Harthausen, Geistliche Volkslieder, 1850

ES FLOG EIN TÄUBLEIN WEISSE

1. Es flog ein Täublein weiße vom Himmel herab
im engelischen Kleide zu einer Jungfrau zart:
»Gegrüßet seist du, wunderschöne Maid,
dein Seel ist hochgezieret, gesegnet ist dein Leib.«
Kyrieleison.

2. »Gegrüßet seist, ein Königin, der Herr ist mit dir,
du wirst ein Kindlein gbären, das sollst du glauben mir.«
Sie antwort' ihm, dem himmelischen Bot:
»Ich hab mein Keusch versprochen dem allmächtigen
Kyrieleison. Gott.«

3. »Hast du dein Keusch versprochen dem allmächtigen
   Gott,
so wird er zu dir kommen wohl durch sein göttlich Wort.
Er kommt zu dir so gar ohn arge List,
ein Jungfrau wirst du bleiben immer und ewiglich.«
Kyrieleison.

4. »Gscheh mir nach deinem Worte und nach dem
   Willen Gotts,
so geb ich meinen Willen, weil ich gebären soll.«
Sie schloß wohl auf ihres Herzens Fensterlein,
wohl zu derselben Stunde der Heilig Geist ging ein.
Kyrieleison.

Melodie und Text: Gesangbuch von N. Beutner, 1602

O HEILAND, REISS DIE HIMMEL AUF

1. »O Heiland, reiß die Himmel auf,
herab, herab vom Himmel lauf,
reiß ab vom Himmel Tor und Tür,
reiß ab, wo Schloß und Riegel für.«

2. »O Gott, ein' Tau vom Himmel gieß;
im Tau herab, o Heiland, fließ.«
Ihr Wolken, brecht und regnet aus
den König über Jakobs Haus.

3. O Erd, schlag aus, schlag aus, o Erd,
daß Berg und Tal grün alles werd.
O Erd, herfür dies Blümlein bring,
o Heiland, aus der Erden spring.

4. »Wo bleibst Du, Trost der ganzen Welt,
darauf sie all ihr Hoffnung stellt?
O komm, ach komm vom höchsten Saal,
komm tröst uns hie im Jammertal.

5. »O klare Sonn, Du schöner Stern,
Dich wollten wir anschauen gern.
O Sonn, geh auf, ohn Deinen Schein
in Finsternis wir alle sein.

6. »Hie leiden wir die größte Not,
vor Augen steht der ewig Tod;
ach komm, führ uns mit starker Hand
vom Elend zu dem Vaterland.

7. »Da wollen wir all danken Dir,
unserm Erlöser, für und für.
Da wollen wir all loben Dich
je allzeit immer und ewiglich.«

Melodie: Rheinfelsisches Gesangbuch 1666;
Text: Friedrich von Spee

AVE MARIA, GRATIA PLENA

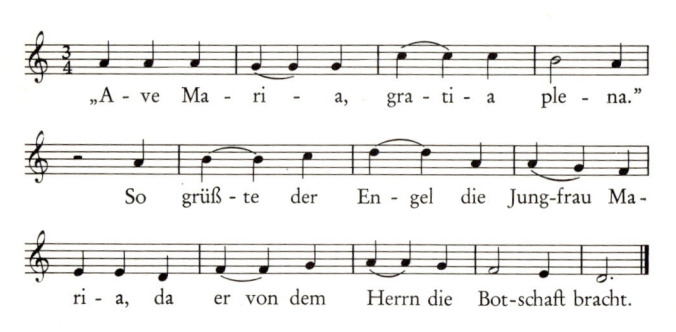

1. »Ave Maria, gratia plena.«
So grüßte der Engel die Jungfrau Maria,
da er von dem Herrn die Botschaft bracht.
Jungfrau, du wirst ein Kindlein empfangen
darnach sollen Himmel und Erde verlangen
du sollst deines Herrn Mutter sein.

Melodie: Paderborn 1617. In zahlreichen Gesangbüchern des 17. Jahrhunderts; Text: 16. Jahrhundert (Neufassung).

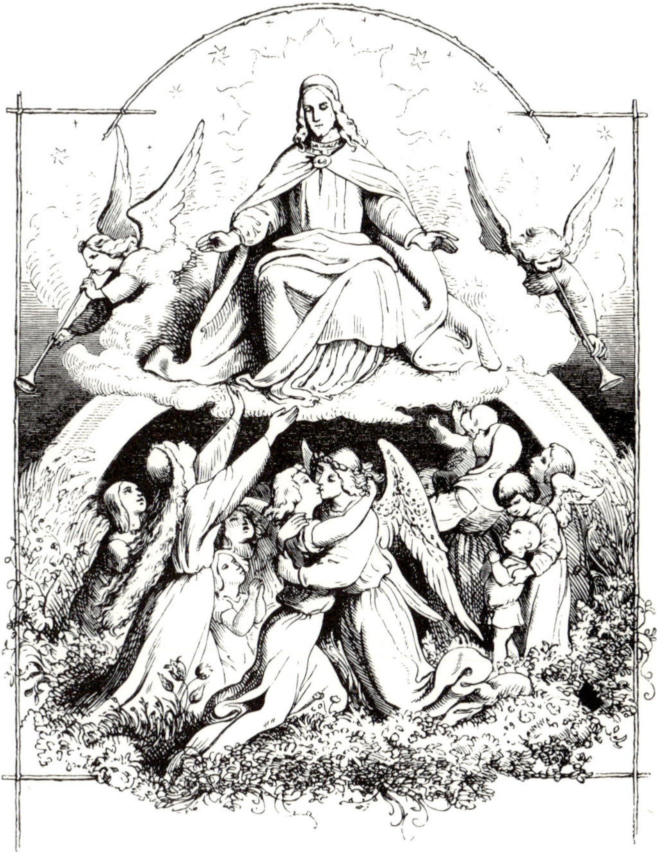

VOM HIMMEL HOCH, DA KOMM ICH HER

(Der Engel singt:) Vom Him-mel hoch, da komm ich her, ich bring euch gu-te neu-e Mär. Der gu-ten Mär bring ich so viel, da-von ich sin-gen und sa-gen will.

Der Engel singt:
1. Vom Himmel hoch, da komm ich her,
ich bring euch gute neue Mär.
Der guten Mär bring ich so viel,
davon ich singen und sagen will.

2. Euch ist ein Kindlein heut geborn
von einer Jungfrau auserkorn,
ein Kindelein so zart und fein,
das soll euer Freud und Wonne sein.

3. Es ist der Herr Christ, unser Gott,
der will euch führn aus aller Not;
er will euer Heiland selber sein,
von allen Sünden machen rein.

4. Er bringt euch alle Seligkeit,
die Gott der Vater hat bereit',
daß ihr mit uns im Himmelreich
sollt leben nun und ewiglich.

5. So merket nun das Zeichen recht:
die Krippen, Windelein so schlecht,
da findet ihr das Kind gelegt,
das alle Welt erhält und trägt.

Alle Kinder:
6. Des laßt uns alle fröhlich sein
und mit den Hirten gehn hinein,
zu sehn, was Gott uns hat beschert,
mit seinem lieben Sohn verehrt.

Das 1. Kind:
7. »Merk auf, mein Herz, und sieh dorthin:
Was liegt doch in dem Krippelein?
Wes ist das schöne Kindelein?
Es ist das liebe Jesulein.«

Das 2. Kind:
8. »Sei mir willkommen, edler Gast!
Den Sünder nicht verschmähet hast
und kommst ins Elend her zu mir;
wie soll ich immer danken Dir?«

Das 3. Kind:
9. »Ach Herr, Du Schöpfer aller Ding,
wie bist Du worden so gering,
daß Du da liegst auf dürrem Gras,
davon ein Rind und Esel aß.«

Das 4. Kind:
10. »Und wär die Welt vielmal so weit,
von Edelstein und Gold bereit',
so wär sie doch Dir viel zu klein,
zu sein ein enges Wiegelein.«

Das 5. Kind:
11. »Der Sammet und die Seiden Dein,
das ist grob Heu und Windelein,
darauf Du König groß und reich
herprangst, als wärs Dein Himmelreich.«

Das 6. Kind:
12. »Das hat also gefallen Dir,
die Wahrheit anzuzeigen mir,
wie aller Welt Macht, Ehr und Gut
vor Dir nichts gilt, nichts hilft noch tut.«

Das 1. Kind:
13. »Ach mein herzliebes Jesulein,
mach Dir ein rein sanft Bettelein,
zu ruhen in meins Herzens Schrein,
daß ich nimmer vergesse Dein,

14. »davon ich allzeit fröhlich sei,
zu springen, singen immer frei
das rechte Susaninne schon,
mit Herzenslust den süßen Ton.«

Alle:
15. Lob, Ehr sei Gott im höchsten Thron,
der uns schenkt seinen einigen Sohn;
des freuen sich der Engel Schar
und singen uns solch neues Jahr.

Melodie: Gesangbuch V. Schumann 1539;
Text: Martin Luther

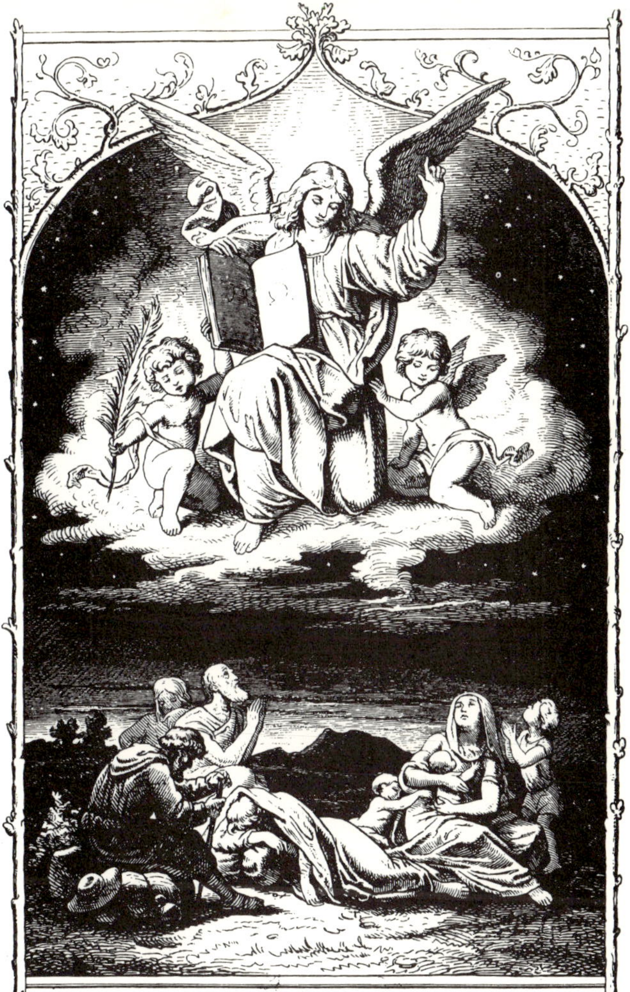

DIE NACHT IST VORGEDRUNGEN

Die Nacht ist vor-ge-drun-gen, der Tag ist nicht mehr fern.
So sei nun Lob ge-sun-gen dem hel-len Mor-gen-stern!
Auch wer zur Nacht ge-wei-net, der stim-me froh mit ein.
Der Mor-gen-stern be-schei-net auch dei-ne Angst und Pein.

1. Die Nacht ist vorgedrungen,
der Tag ist nicht mehr fern.
So sei nun Lob gesungen dem hellen Morgenstern!
Auch wer zur Nacht geweinet,
der stimme froh mit ein.
Der Morgenstern bescheinet
auch deine Angst und Pein.

2. Dem alle Engel dienen,
wird nun ein Kind und Knecht.
Gott selber ist erschienen
zur Sühne für sein Recht.
Wer schuldig ist auf Erden,
verhüll nicht mehr sein Haupt.

Er soll errettet werden,
wenn er dem Kinde glaubt.

3. Die Nacht ist schon im Schwinden,
macht euch zum Stalle auf!
Ihr sollt das Heil dort finden,
das aller Zeiten Lauf
von Anfang an verkündet,
seit eure Schuld geschah.
Nun hat sich euch verbündet,
den Gott selbst ausersah!

4. Noch manche Nacht wird fallen
auf Menschenleid und -schuld.
Doch wandert nun mit allen
der Stern der Gotteshuld.
Beglänzt von seinem Lichte,
hält euch kein Dunkel mehr.
Von Gottes Angesichte
kam euch die Rettung her.

5. Gott will im Dunkel wohnen
und hat es doch erhellt!
Als wollte er belohnen,
so richtet er die Welt!
Der sich den Erdkreis baute,
der läßt den Sünder nicht.
Wer hier dem Sohn vertraute,
kommt dort aus dem Gericht.

Melodie: Johannes Petzold 1939;
Text: Jochen Klepper 1938

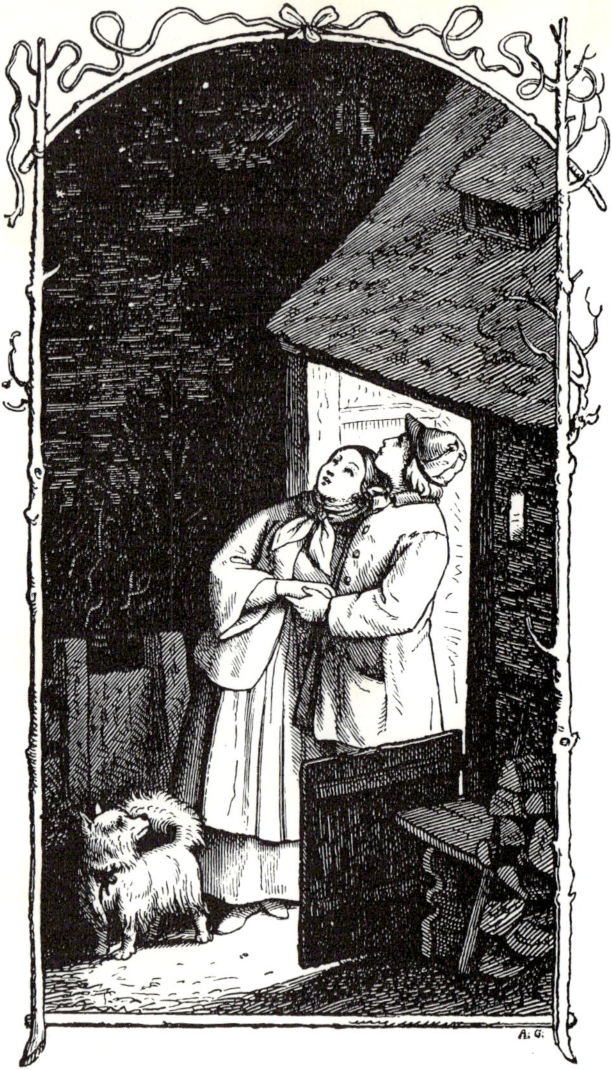

ALLE JAHRE WIEDER
Die Weihnachtszeit

ALLE JAHRE WIEDER

Al-le Jah-re wie-der kommt das Chri-stus kind auf die Er-de nie-der, wo wir Menschen sind.

1. Alle Jahre wieder kommt das Christuskind
auf die Erde nieder, wo wir Menschen sind.

2. Kehrt mit seinem Segen ein in jedes Haus,
geht auf allen Wegen mit uns ein und aus.

3. Steht auch mir zur Seite still und unerkannt,
daß es treu mich leite an der lieben Hand.

Text: Friedrich Silcher

O DU FRÖHLICHE

1. O du fröhliche, o du selige,
gnadenbringende Weihnachtszeit!
Welt ging verloren, Christ ward geboren,
freue, freue dich, o Christenheit!

2. O du fröhliche, o du selige,
gnadenbringende Weihnachtszeit!
Christ ist erschienen, uns zu versühnen;
freue, freue dich, o Christenheit.

3. O du fröhliche, o du selige,
gnadenbringende Weihnachtszeit!
Himmlische Heere jauchzen dir Ehre.
Freue, freue dich, o Christenheit!

Text und Melodie: Johannes Daniel Falk

LASST UNS FROH UND MUNTER SEIN

1. Laßt uns froh und munter sein
und uns recht von Herzen freun!
Lustig, lustig, traleralera!
Bald ist Nikolausabend da,
bald ist Nikolausabend da!

2. Dann stell' ich den Teller auf,
Nikolaus legt gewiß was drauf.
Lustig, lustig ...

3. Wenn ich schlaf, dann träume ich,
jetzt bringt Nikolaus was für mich.
Lustig, lustig ...

4. Wenn ich aufgestanden bin,
lauf ich schnell zum Teller hin.
Lustig, lustig ...

5. Nikolaus ist ein guter Mann,
dem man nicht genug danken kann.
Lustig, lustig ...

Melodie und Text: Aus dem Rheinland

SÜSSER DIE GLOCKEN NIE KLINGEN

1. Süßer die Glocken nie klingen,
als zu der Weihnachtszeit,
's ist als ob Engelein singen,
wieder von Frieden und Freud',
|: wie sie gesungen in seliger Nacht, :|
Glocken mit heiligem Klang,
klinget die Erde entlang.

2. Oh, wenn die Glocken erklingen,
schnell sie das Christkindlein hört,
tut sich vom Himmel dann schwingen,
eilet hernieder zur Erd,
|: segnet den Vater, die Mutter, das Kind :|
Glocken mit heiligem Klang,
klingt doch die Erde entlang!

KLING, GLÖCKCHEN, KLINGELINGELING

Kling, Glöckchen, klin-ge-lin-ge-ling, kling, Glöckchen, kling!

Laßt mich ein, ihr Kinder, ist so kalt der Winter,

öff-net mir die Tü-ren, laßt mich nicht er-frie-ren,

Kling, Glöckchen, klin-ge-lin-ge-ling, kling, Glöckchen, kling!

1. Kling, Glöckchen, klingelingeling,
kling, Glöckchen, kling!
Laßt mich ein, ihr Kinder,
ist so kalt der Winter,
öffnet mir die Türen,
laßt mich nicht erfrieren.
Kling, Glöckchen, klingelingeling,
kling, Glöckchen, kling!

2. Kling, Glöckchen, klingelingeling,
kling, Glöckchen, kling!
Mädchen, hört, und Bübchen,
macht mir auf das Stübchen,
bring euch viele Gaben,
sollt euch dran erlaben.

Kling, Glöckchen, klingelingeling,
kling, Glöckchen, kling!

3. Kling, Glöckchen, klingelingeling,
kling, Glöckchen, kling!
Hell erglüh'n die Kerzen,
öffnet mir die Herzen,
will drin wohnen fröhlich,
frommes Kind, wie selig.
Kling, Glöckchen, klingelingeling,
kling, Glöckchen, kling!

Text und Melodie: aus dem 19. Jahrhundert

SO SINGEN WIR DEN WINTER AN

So singen wir den Winter an, er kommt ganz leis gegangen, ein heimlich Tor ist aufgetan, was wolln wir nun anfangen? Eia, eia, eia, eia, wir wolln das Tor aufmachen, aufmachen.

2. Die Flocken fallen tief und dicht
auf Weg und Steg und Felder
und fern vom Himmel kommt ein Licht
und geht durch alle Wälder
|: Eia, eia ..., das Licht wolln wir anzünden. :|

3. Das Licht wird hell und geht ins Haus
und scheint in alle Herzen,
wir holn den Baum vom Wald heraus
mit seinen tausend Kerzen
|: Eia, eia ..., hell soll das Licht uns leuchten :|

Text und Melodie: Cäsar Bresgen

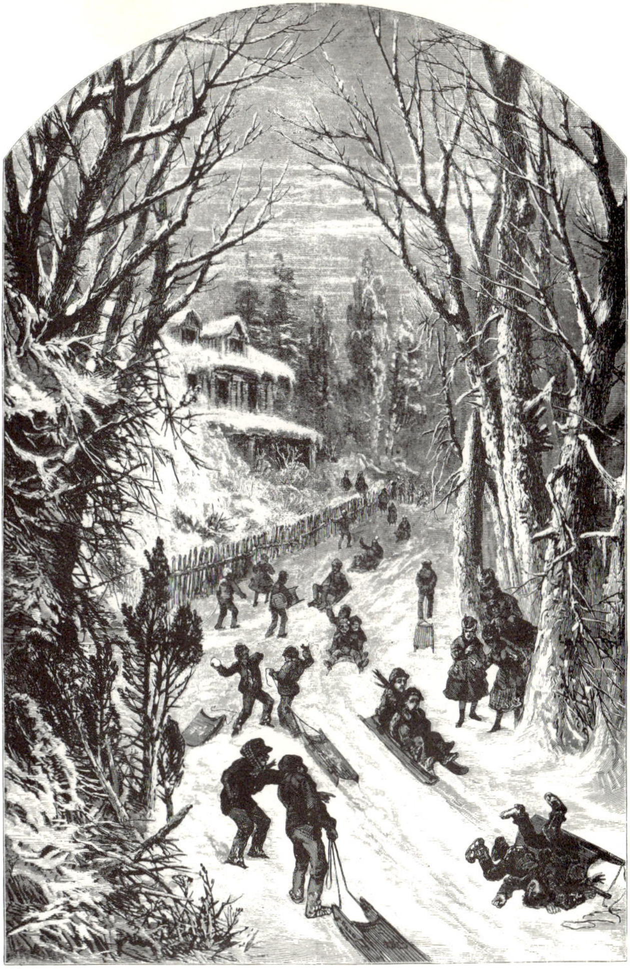

ES IST FÜR UNS EINE ZEIT ANGEKOMMEN

1. Es ist für uns eine Zeit angekommen, die bringt uns eine große Freud.
Übers schneebeglänzte Feld wandern wir, — wandern wir durch die weite, weiße Welt.

2. Es schlafen Bächlein und See unterm Eise, es träumt der Wald einen tiefen Traum :|
Durch den Schnee, der leise fällt, wandern wir, wandern wir durch die weite, weiße Welt.

3. Vom hohen Himmel ein leuchtendes Schweigen erfüllt die Herzen mit Seligkeit :|
Unterm sternbeglänzten Zelt wandern wir, wandern wir durch die weite, weiße Welt.

Melodie: Schweizer Sterndrehermarsch; Text: Paul Hermann

LEISE RIESELT DER SCHNEE

1. Leise rieselt der Schnee,
still und starr liegt der See,
Weihnachtlich glänzet der Wald,
freue dich, Christkind kommt bald!

2. In den Herzen ist's warm,
still schweigt Kummer und Harm
Sorge des Lebens verhallt,
freue dich, Christkind kommt bald!

3. Bald ist heilige Nacht,
Chor der Engel erwacht,
hört nur, wie lieblich es schallt:
Freue dich, Christkind kommt bald.

MORGEN, KINDER, WIRD'S WAS GEBEN

1. Morgen Kinder, wird's was geben,
morgen werden wir uns freuen!
Welch ein Jubel, welch ein Leben
wird in unserm Hause sein!
Einmal werden wir noch wach,
heißa, dann ist Weihnachtstag!

2. Wie wird dann die Stube glänzen
von der großen Lichterzahl!
Schöner als bei frohen Tänzen
ein geputzter Kronensaal.
Wißt ihr noch, wie vorges Jahr
es am Heilgen Abend war?

3. Welch ein schöner Tag ist morgen!
Neue Freude hoffen wir,
unsre guten Eltern sorgen
lange, lange schon dafür.
O gewiß, wer sie nicht ehrt,
ist der ganzen Lust nicht wert!

Der Weihnachtsbaum

MORGEN KOMMT DER WEIHNACHTSMANN

1. Morgen kommt der Weihnachtsmann,
kommt mit seinen Gaben:
Trommel, Pfeifen und Gewehr,
Fahn' und Säbel und noch mehr,
ja ein ganzes Kriegesheer
möcht ich gerne haben!

2. Bring uns, lieber Weihnachtsmann,
bring auch morgen, bringe:
Musketier und Grenadier,
Zottelbär und Panthertier,
Roß und Esel, Schaf und Stier,
lauter schöne Dinge!

3. Doch du weißt ja unsern Wunsch,
kennst ja unsre Herzen!
Kinder, Vater und Mama,
auch sogar der Großpapa,
alle, alle sind wir da,
warten dein mit Schmerzen.

Melodie: L. von Call;
Text: Hoffmann von Fallersleben, 1835

O TANNENBAUM

1. O Tannenbaum, o Tannenbaum,
wie grün sind deine Blätter!
Du grünst nicht nur zur Sommerszeit,
nein, auch im Winter, wenn es schneit.
O Tannenbaum, o Tannenbaum,
wie grün sind deine Blätter.

2. O Tannenbaum, o Tannenbaum,
du kannst mir sehr gefallen.
Wie oft hat nicht zur Weihnachtszeit
ein Baum von dir mich hocherfreut.
O Tannenbaum, o Tannenbaum,
du kannst mir sehr gefallen.

3. O Tannenbaum, o Tannenbaum,
dein Kleid will mich was lehren:
Die Hoffnung und Beständigkeit
gibt Trost und Kraft zu jeder Zeit.
O Tannenbaum, o Tannenbaum,
dein Kleid will mich was lehren.

Melodie: E. Anschütz, 18. Jahrhundert;
Text: A. Zarnack

AM WEIHNACHTSBAUM

1. Am Weihnachtsbaum die Lichter brennen,
wie glänzt er festlich, lieb und mild
als spräch er: »Wollt in mir erkennen
getreuer Hoffnung stilles Bild!«

2. Die Kinder stehn mit hellen Blicken,
das Auge lacht, es lacht das Herz;
o fröhlich seliges Entzücken!
Die Alten schauen himmelwärts.

3. Zwei Engel sind hereingetreten,
kein Auge hat sie kommen sehn;
sie gehn zum Weihnachtstisch und beten
und wenden wieder sich und gehn.

4. »Gesegnet seid, ihr alten Leute,
gesegnet sei, du kleine Schar!
Wir bringen Gottes Segen heute
dem braunen wie dem weißen Haar.

5. Zu guten Menschen, die sich lieben,
schickt uns der Herr als Boten aus,
und seid ihr treu und fromm geblieben,
wir treten wieder in dies Haus.«

6. Kein Ohr hat ihren Spruch vernommen;
unsichtbar jedes Menschen Blick
sind sie gegangen wie gekommen;
doch Gottes Segen blieb zurück!

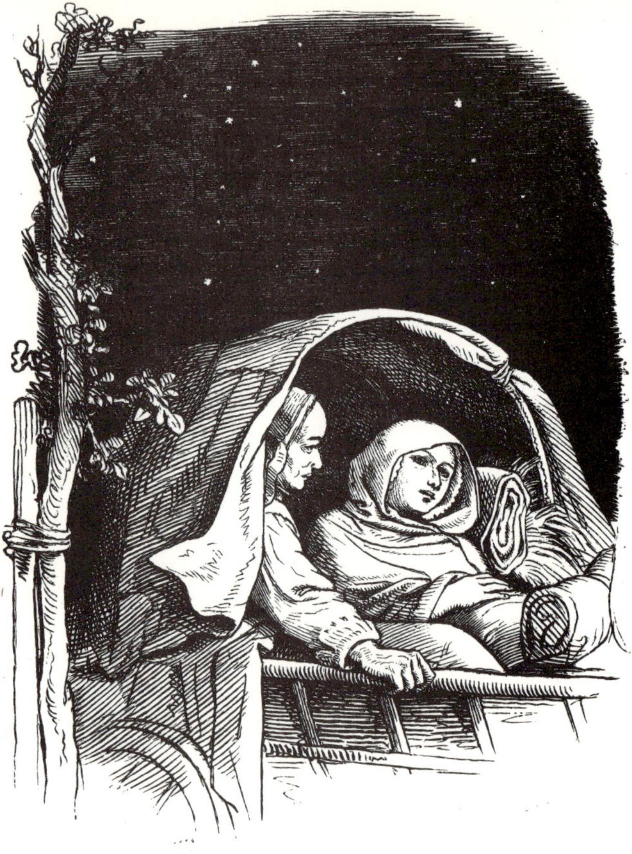

WER KLOPFET AN?
Die Herbergssuche

WER KLOPFET AN?

1. Wirt: Wer klopfet an? — Joseph und Maria: „O zwei gar arme Leut!" — Wirt: Was wollt ihr denn? — Joseph und Maria: „O gebt uns Herberg heut! O durch Gottes Lieb wir bitten, öffnet uns doch eure Hütten!" — Wirt: O nein, nein, nein! — Joseph und Maria: „O lasset uns doch ein!" — Wirt: Es kann nicht sein. — Joseph und Maria: „Wir wollen dankbar sein." — Wirt: Nein, nein, nein, es kann nicht sein. Da geht nur fort, ihr kommt nicht rein.

1. *(1. Wirt:)* Wer klopfet an? »O zwei gar arme Leut!«
Was wollt ihr denn? »O gebt uns Herberg heut!
O durch Gottes Lieb wir bitten,
öffnet uns doch eure Hütten!«
O nein, nein, nein! »O lasset uns doch ein!«
Es kann nicht sein. »Wir wollen dankbar sein.«
Nein, nein, nein, es kann nicht sein.
Da geht nur fort, ihr kommt nicht rein.

[Mann.«

2. *(2. Wirt:)* Wer vor der Tür? »Ein Weib mit ihrem
Was wollt denn ihr? »Hört unser Bitten an!
Lasset heut bei Euch uns wohnen,
Gott wird Euch schon alles lohnen!«
Was zahlt ihr mir? »Kein Geld besitzen wir!«
Dann geht von hier! »O öffnet uns die Tür!«
Ei, macht mir kein Ungestüm, da packt euch,
geht woanders hin!

3. *(3. Wirt:)* Was weinet ihr? »Vor Kält erstarren wir.«
Wer kann dafür? »O gebt uns doch Quartier!
Überall sind wir verstoßen,
jedes Tor ist uns verschlossen!«
So bleibt halt drauß! »O öffnet uns das Haus!«
Da wird nichts draus. »Zeigt uns ein andres Haus.«
Dort geht hin zur nächsten Tür!
Ich hab nicht Platz, geht nur von hier!

[wo aus?«

4. *(4. Wirt:)* Da geht nur fort! »O Freund, wohin?
Ein Viehstall dort! »Geh, Joseph, nur hinaus!
O mein Kind, nach Gottes Willen
mußt du schon die Armut fühlen.«
Jetzt packt euch fort! »O, dies sind harte Wort!«
Zum Viehstall dort! »O, wohl ein schlechter Ort!«
Ei, der Ort ist gut für euch; ihr braucht nicht viel.
Da geht nur gleich!

Melodie und Text: Aus Süddeutschland und Tirol

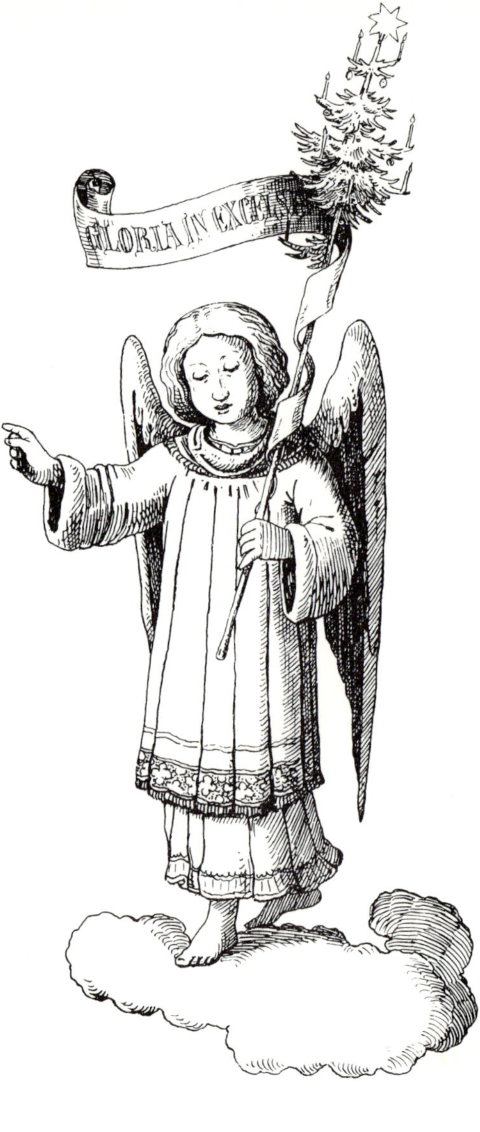
GLORIA IN EXCELS

ES KAM EIN ENGEL HELL UND KLAR
Der Engel

ES KAM EIN ENGEL HELL UND KLAR

1. Es kam ein Engel hell und klar
von Gott aufs Feld zur Hirtenschar;
der war gar sehr von Herzen froh
und sprach zu ihnen fröhlich so:

2. »Vom Himmel hoch da komm ich her
ich bring euch gute neue Mär;
der guten Mär bring ich so viel,
davon ich singn und sagen will.

3. Euch ist ein Kindlein heut geborn
von einer Jungfrau auserkorn
ein Kindelein so zart und fein;
das soll eur Freud und Wonne sein.

4. Es ist der Herr Christ, unser Gott,
der will euch führn aus aller Not;
er will eur Heiland selber sein,
von allen Sünden machen rein.

5. Er bringt euch alle Seligkeit,
die Gott der Vater hat bereit',
daß ihr mit uns im Himmelreich
sollt leben nun und ewiglich.

6. So merket nun das Zeichen recht:
die Krippe, Windelein so schlecht;
da findet ihr das Kind gelegt,
das alle Welt erhält und trägt.«

7. Des laßt uns alle fröhlich sein
und mit den Hirten gehn hinein,
zu sehn, was Gott uns hat beschert
mit seinem lieben Sohn verehrt.

8. Lob, Ehr sei Gott im höchsten Thron,
der uns schenkt seinen eignen Sohn.
Des freuet sich der Engel Schar
und singet uns solch neues Jahr.

*Text: Martin Luther 1535; 1. Strophe nach Valentin Triller, 1555;
Melodie: Leipzig 1539*

ENGEL AUF DEN FELDERN SINGEN

1. Engel auf den Feldern singen,
stimmen an ein himmlisch Lied,
und im Widerhall erklingen
auch die Berge jauchzend mit:
Gloria in excelsis Deo. Deo.

2. Sagt mir, Hirten, wem die Freude,
wem das Lied der Engel gilt!
Kommt ein König, daß die Weite
so von Jubel ist erfüllt?
Gloria ...

3. Laßt nach Bethlehem uns ziehen,
das ihn birgt im armen Stall,

laßt uns betend vor ihm knieen,
singen ihm mit Freudenschall:
Gloria ...

4. Hirten, nun verlaßt die Herden,
stimmt ins Lob der Engel ein,
daß die Lüfte tönend werden
von dem Klange der Schalmei'n:
Gloria ...

Volkslied aus Frankreich
Textübertragung: Maria Luise Thurmair-Mumelter

VOM HIMMEL HOCH, O ENGLEIN, KOMMT

1. Vom Himmel hoch, o Englein, kommt.
Eia, eia,
Susani, Susani, Susani!
Kommt, singt und klingt, kommt, pfeift und trombt.
Halleluja, Halleluja. Von Jesu singt und Maria.

2. Kommt ohne Instrumenten nit,
bringt Lauten, Harfen, Geigen mit.

3. Laßt hören euer Stimmen viel
mit Orgel- und mit Saitenspiel.

4. Hie muß die Musik himmlisch sein,
weil dies ein himmlisch Kindelein.

5. Die Stimmen müssen lieblich gehn
und Tag und Nacht nicht stille stehn.

6. Sehr süß muß sein der Orgel Klang —
süß über allen Vogelsang.

7. Das Saitenspiel muß lauten süß,
davon das Kindlein schlafen muß.

8. Singt Fried den Menschen weit und breit,
Gott Preis und Ehr in Ewigkeit.

Text und Melodie: Gesangbuch P. v. Brachel, Köln 1623

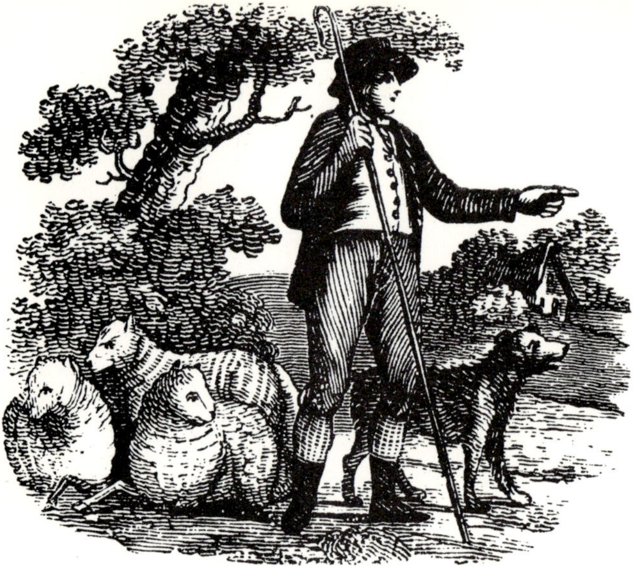

ALS ICH BEI MEINEN SCHAFEN WACHT
Die Hirten

ALS ICH BEI MEINEN SCHAFEN WACHT

Als ich bei meinen Schafen wacht, ein Engel mir die Botschaft bracht. Des bin ich froh, bin ich froh, froh, froh, froh! Benedicamus Domino!

1. Als ich bei meinen Schafen wacht,
ein Engel mir die Botschaft bracht.
Des bin ich froh, bin ich froh, froh, froh, froh!
Benedicamus Domino!

2. Er sagt, es soll geboren sein
zu Bethlehem ein Kindelein.
Des bin ich froh ...

3. Er sagt, das Kind läg da im Stall
und soll die Welt erlösen all.
Des bin ich froh ...

4. Als ich das Kind im Stall gesehn,
nicht wohl konnt ich von dannen gehn.
Des bin ich froh ...

5. Als ich heimging, das Kind wollt mit,
es wollt von meiner Seite nit.
Des bin ich froh ...

6. Den Schatz muß ich bewahren wohl,
so bleibt mein Herz der Freuden voll.
Des bin ich froh ...

Text und Melodie: Aus Lothringen

WAS SOLL DAS BEDEUTEN?

1. Was soll das bedeuten?
   Es taget ja schon!
   Ich weiß, wohl es geht erst
   um Mitternacht rum.
   |: Schaut nur daher! :|
   Wie glänzen die Sternlein
   je länger je mehr.

2. Treibt z'sammen, treibt z'sammen
   die Schäflein fürbaß!
   Treibt z'sammen, treibt z'sammen,
   dort zeig ich euch was:
   |: Dort in dem Stall :|
   werd't Wunderding sehen,
   treibt z'sammen einmal!

3. Ich hab nur ein wenig
von weitem geguckt,
da hat mir mein Herz schon vor
Freuden gehupft:
|: Ein schönes Kind :|
liegt dort in der Krippe
bei Esel und Rind.

4. Ein herziger Vater,
der steht auch dabei,
ein wunderschön Jungfrau,
die kniet auch auf dem Heu!
Um und um singt's,
um und um klingt's,
man sieht ja kein Lichtlein
so um und um brinnt's.

5. Das Kindlein, das zittert
vor Kälte und Frost,
ich dacht mir, wer hat es denn
also verstoßt,
|: daß man auch heut :|
ihm sonst keine andere
Herberg anbeut?

6. So gehet und nehmet
ein Lämmlein vom Gras
und bringet dem schönen
Christkindlein etwas!
|: Geht nur fein sacht :|
auf daß ihr dem Kindlein
kein Unruh nicht macht!

Schlesisches Volkslied

DIE HIRTEN AUF DEM FELDE

1. Die Hirten auf dem Felde, sie hüten die Schaf,
der Engel des Herren erweckt sie vom Schlaf:
Erschreckt nicht, ihr Hirten, es g'schieht euch kein Leid,
ich will euch verkünden ein gar große Freud.

2. Ihr Hirten, hört's alle, hört's alle zumal:
Der Heiland ist geboren zu Bethlehem im Stall.
Maria und Josef warn einzig allein,
der Name des Herrn soll Jesulein sein.

3. Ihr Hirten, lauft alle, lauft alle zugleich
und nehmet Schalmeien und Pfeifen mit euch,
lauft alle zumal mit freudreichem Schall
nach Bethlehem zum Kripplein, zum Kindlein im Stall!

Melodie und Text: Aus Tolnau

BRUDER, ICH GEH AUCH MIT DIR

Bru-der, ich geh auch mit dir, nehm mein Du-del-sack zu mir und mein Schal-mei auch!

1. Bruder, ich geh auch mit dir,
nehm mein Dudelsack zu mir und mein Schalmei auch!

2. Wenn ich geh zum Stall hinein,
grüß ich gleich das Kindelein und pfeif eins darzu.

3. Ei wie friert das göttlich Kind,
gehet ein und aus der Wind; wie wär ich so froh,

4. wenn ich nur mein Häuserl hätt,
das dort unten im Dorfe steht, und mein Staderl auch!

5. Nehmt die Mutter mit dem Kind,
in das Häuserl führt's geschwind! Wie wär ich so froh!

6. Milch und Mehl das hab ich schon,
daß ich e Müserl kochen kann, wenn das Kinderl schreit.

7. B'hüt dich Gott, liebs Kindelein,
morgen kehr ich wieder ein, will dir bringen all's,

8. was dir wird vonnöten sein:
Milch und Mehl und Butterschmalz, und e bissel Salz.

Volkslied

AUF, IHR HIRTEN, VON DEM SCHLAF

1. Auf, ihr Hirten, von dem Schlaf, von dem Schlaf,
bei so schönen Zeiten,
sammelt ein die scheuen Schaf, scheuen Schaf
daß sie fröhlich weiden!
Denn die Nacht ist schon vorbei und der Tag aufgangen
hebt euch eilends aus der Ruh, aus der Ruh,   [neu,
laufet eurer Herde zu!

2. Nehmet wunder, höret an, höret an,
was wir Neu's vernommen:
uns ist fremder Jubelton, Jubelton
heut zu Ohren kommen.
Ja, er kommt uns eben vor wie ein ganzer Engelchor,
ist kein blöder Schäferston, Schäferston
wie vom Himmel kling es schon.

3. Gehet an des Wunders Ort, Wunders Ort,
sehet, was geschehen,
bin ja selbst gewesen dort, gewesen dort,
konnt's mit Augen sehen.
Eine ganze Engelschar, unter welcher einer war,
der sich ganz zu uns geneigt, uns geneigt,
tausend Freuden angezeigt.

4. Nun so nehmt den Hirtenstab, den Hirtenstab,
nach der Stadt zu eilet.
Reicht ihm eine reiche Gab', reiche Gab',
dankbar euch erweiset.
Blast auf euerm Hirtenspiel,
ich desgleichen auch tun will.
Nun so gehn wir fröhlich fort, fröhlich fort,
daß wir sehn des Wunders Ort.

5. Geht und schaut das Kindelein, Kindelein,
seht es freundlich liegen,
daß es selbst die Engelein, Engelein,
in der Krippe wiegen.
Englein singen in dem Stall, daß es klinget überall.
Also, Brüder, fröhlich dran, fröhlich dran,
daß es uns all segnen kann.

6. Stimmet an den Liedgesang, Liedgesang,
daß sich's Kindlein freuet,
und mit Geigen, Flötenklang, Flötenklang,
Gottes Sohn betreuet.
Mit den Engelchören rein stimmen wir ins Loblied ein:
»Gloria in excelsis, excelsis!«,
Erd und Himmel singen dies.

Melodie und Text: Aus der Kremnitzer Sprachinsel

ES LAGEN IM FELDE DIE HIRTEN BEI NACHT

1. Es lagen im Felde die Hirten bei Nacht,
die haben gefroren und haben gewacht.
Die waren wohl hungrig, die waren wohl müd,
wies heute noch Hirten im Felde geschieht.

2. Da scholl in den Lüften das Jubelgeschrei,
sie hörtens und kamen voll Freuden herbei,
vergaßen den Schlummer, verschmerzten die Pein
und drangen zum Stall und zur Krippe herein.

3. Und was sie gesehen, wir sehen es heut,
und alle, die's sehen, sind selige Leut,
sind selig und fröhlich und gehn mit Gesang
und sagen dem Kinde Lob, Ehren und Dank.

4. Die himmlischen Chöre, die singen wohl hell,
viel heller denn Menschen. Doch kömm nur, Gesell,
die Kehle gewetzt und die Stimme geprobt:
Wer nimmer gesungen, heut singt er und lobt.

5. Die himmlischen Sterne sind alle Nacht schön,
doch heute blickt einer aus ewigen Höhn,
der zeigt uns den Weg, und wir folgen geschwind
und segnen die Mutter und grüßen das Kind.

Melodie: Christian Lahusen; Text: Rudolf Alexander Schröder

LOS, BRUEDA FLORIDAN

1. Los, Brueda Floridan,
hör mi a weni an,
i mueß dir ains dazöhln,
han da's heunt früeh schon wölln,
nur nit daschrick,
as is a Glück;
i sag da's glott,
nimm ma kain Maul fürs Blatt,
nimm ma kain Maul fürs Blatt, kain Maul fürs Blatt.

2. Nacht schier um Mittanacht,
Wie i in Feld draust g'wacht

Und bey dem Rindvieh stund,
Da lief davon mein Hund,
Hat si so gschwind
Als wie da Wind
In Stall vastöckt,
|: Als hiet a Wolf ihn g'schmöckt, :|
A Wolf ihn g'schmöckt!

3. Aft heb i d' Augn in d' Höch,
Da war ma Angst und weh,
Der Himmel war, mein Aid,
Ganz foiri und rait (rot),
Monschein und Stern
Ham g'leucht von fern
So hell und schien,
|: Als wollt die Sonn aufgiehn, :|
Die Sonn aufgiehn.

4. Glei tats ma falln ein,
Es kunnt vielleicht a seyn,
Daß drobn in ewign Lebn
Nit habm aufs Foier Acht gebn;
Was gilts, da Brand
Nimmt übahand
Und 's Himmelreich
|: Wird wahrla brinna z'gleich :|
Wird brinna z'gleich.

5. Wie i so denkt han drauf,
Tat si da Himmel auf,
A ganzi Engelschar
Han i gsechn bey den Tor,
Als wie da Wind
San s' gflogn gschwind
Aufs Nachban Stall,

|: Als wars a Königssaal, :|
A Königssaal.

6. Aina, der gang zu mir,
Ist g'west der Schönste schier,
Fangt glei zu singa an,
I ihms nöt nach toan kann;
A großi Freud
Er mir andeut,
Daß sey in Stall,
|: Der ins erlöset all, :|
Dalöset all!

7. Jodl hats a erfahrn,
Wie er ist munta warn
Hat ihm da Engl gschwind
A diese Freud vakündt,
Lauft wie a Pfeil
In aller Eil
Zu meina Herschd;
|: Sagt mir, was er hat ghörscht! :|
Was er hat ghörscht!

8. Aft luf ma flux zan Stall
Abi ins Bethlemtal,
Habm ins gar nix vaweilt,
Habm ainst den Stall zueg'eilt.
I nahm a Kalb,
Das g'wachsen halb,
Der Jodl ebn
|: Wollt a wie i was gebn, :|
Wie i was gebn.

9. I gang halt glei voran,
Klopft bey den Küehstall an,

Da kam flux air (oaner) hefür
Und macht ins auf die Tür;
An alta Greis,
Wie Taubn weiß,
War daselb Mann,
|: Der ins hat aufgetan, :|
Hat aufgetan.

10. Da lag a klaines Kind,
Ban Esel und ban Rind
Harscht af spitzign Heu,
D' Muelta war a dabey;
Gar hisch und schien
Tat s' dahe giehn,
Fiel ma glei ein:
|: Das müeßt a Grafin seyn, :|
A Grafin seyn!

Melodie und Text: Aus der Steiermark

WILLKOMM, LIEBA VEITL

1. Willkomm, lieba Veitl, du wackerer Bue,
geh, gehn ma mitnanda auf Bethlahem zue,
zum Kind, so geborn
in Stall, halb dafrorn,
das is da a Büeberl, poz halb schlapramost,
das ainst allen Menschn wird wern zum Trost!

2. Wie daß i hekemma will sagn dir rund,
Nacht wird a so gwest seyn um Mittanacht-Stund,
Da kunnt i nöt schlafn
Ban Gaiß und ban Schafn,
Gach hat si eröffnet das himmlische Tor,
Aft kämant Engl an ung'heuri Schar.

3. Das war halt a Gspiel, o mein Gott und mein Herr,
I siech wohl mein Lebtag dergleicha nöt mehr,
Wie goldini Lagln
Machten s' burzagagln,
Bald aufi, bald abi, bald hin und bald he,
Bald umadum umma, bald wieda wie eh.

4. Sö schrien umananda und juzn so sehr,
Daß i da mein Aid bald valorn das G'hör,
's Teil blasetn d' Flautn,
s' Teil schlugn die Lautn,
Der heilig Sanct Raphl hat an Dudlsack,
Sanct Michl und Gabriel führten den Takt.

5. Gach wir i so's gumpati G'wimmel betracht,
Da hat ma af aina die Botschaft gebracht
Und tat ma andeutn,
I soll mi ba Zeitn
Zum Kind nacha Bethlahem machan auf d' Rais,
Valassn Kühe, Ochsn, Schof, Kälber und Gaiß.

6. 's Kind war' da Messias vom himmlischn Saal,
A Jungfrau, dö hätt'n geborn in Stall;
Der wurd ins erröttn
Aus allerhand Nötn,
Ja gar von da höllischn Erbsünd befrein
Und ins amal führn in Himmel hinein.

7. Kam hat ma da Engl seyn blodern vollendt,
Da bin i vor Freudn wiera Narr umma g'rennt,
Zum Riepl, zan Stefl,
Zan Jodl, zan Flol,
Aft san ma allsamma, i, er und sie a,
Nach Bethlahem g'lofa, juhe hopsasa.

Melodie und Text: Aus der Steiermark

MEIN HIRT, VERNAHMEST DU SCHON

1. Mein Hirt, vernahmest du schon
heut nacht den lieblichen Ton?
War fern ein Singen, als wär's im Traum,
nun halten's Himmel und Erde kaum.
O Hirt, vernahmst du den Ton, vernahmst du den Ton?

2. Mein Hirt, gewahrtest du nicht
heut nacht das helle Gesicht?
War erst, als wär es ein fremder Stern;
nun ward's ein Feuer und wir sein Kern.
O Hirt, gewahrst du das Licht?

3. Mein Hirt, und hörst du das Wort?
Es schallt von jeglichem Ort.
Schallt hüben, drüben, schallt hier und dort;

viel Boten tragen es fröhlich fort.
O Hirt, du hörtest das Wort.

4. Der Held ward heute geborn,
der wendet Strafen und Zorn.
Nun lebt das Leben, nun stirbt der Tod.
O Hirt, wir waren in arger Not,
mein Hirt, wir waren verlorn.

5. Gesell, wir laufen geschwind
zum Stall und suchen das Kind.
Es muß in Windeln gewickelt sein:
blick her, da lag es zur Krippen ein und
schläft beim Esel und Rind.

6. Steht überm Stalle der Stern,
drei Weise kommen von fern.
Die bringen Myrrhen und Weihrauch dar
und Kleinod gülden, ich mein führwahr,
es sind gar mächtige Herrn.

7. Nun gebt Gott droben die Ehr
zusamt dem himmlischen Heer.
Singt Fried und Freude den Menschen alln,
singt eitel Frieden und Wohlgefalln;
das singt je länger je mehr!

Melodie: Christian Lahusen;
Text: Rudolf Alexander Schröder

KOMMET, IHR HIRTEN

Kom - met, ihr Hir - ten, ihr Män - ner und Fraun,
kom - met, das lieb - li - che Kind - lein zu schaun,
Chri - stus der Herr ist heu - te ge - bo - ren, den Gott
zum Hei - land euch hat er - ko - ren. Fürch - tet euch nicht.

1. Kommet, ihr Hirten, ihr Männer und Fraun,
kommet, das liebliche Kindlein zu schaun,
Christus der Herr ist heute geboren,
den Gott zum Heiland euch hat erkoren.
Fürchtet euch nicht.

Hirten:
2. Lasset uns sehen in Bethlehems Stall,
was uns verheißen der himmlische Schall.
Was wir dort finden, lasset uns künden,
lasset uns preisen in frommen Weisen:
Halleluja.

Alle:
3. Wahrlich, die Engel verkündigen heut
Bethlehems Hirtenvolk gar große Freud.
Nun soll es werden Friede auf Erden,
den Menschen allen ein Wohlgefallen:
Ehre sei Gott.

Melodie: Aus Böhmen; Text: Carl Riedel

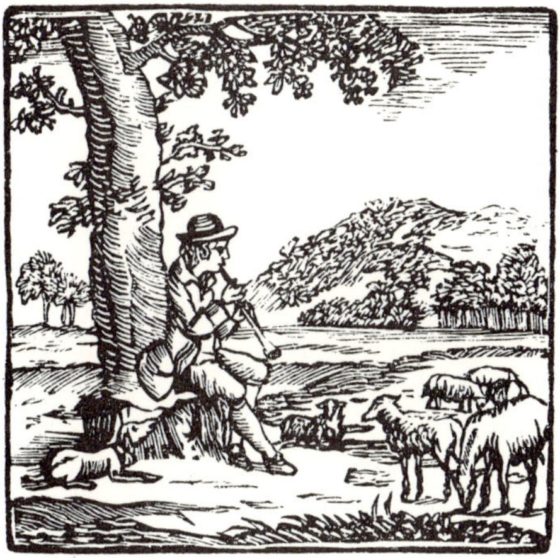

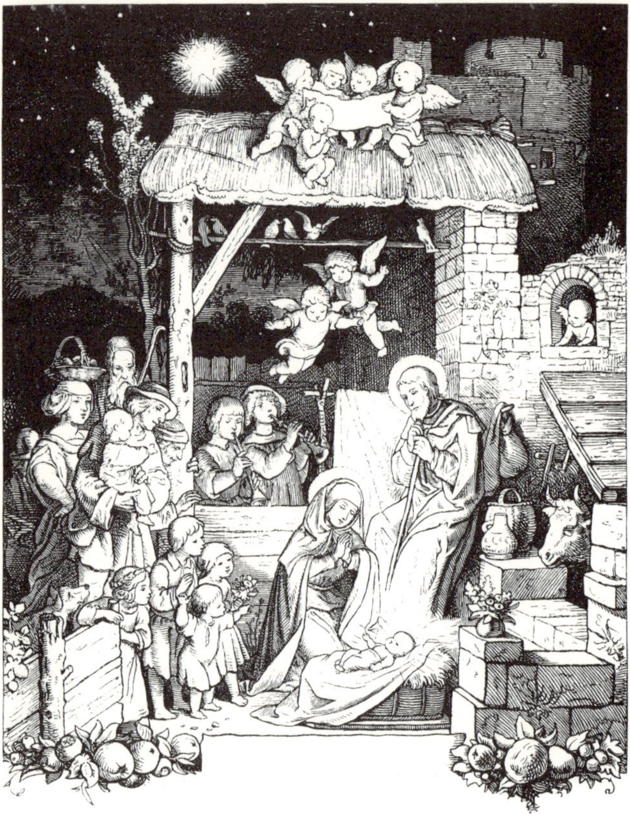

STILLE NACHT, HEILIGE NACHT
Die Geburt des Kindes

STILLE NACHT, HEILIGE NACHT

1. Stille Nacht, heilige Nacht!
Alles schläft, einsam wacht
nur das traute hochheilige Paar.
Holder Knabe im lockigen Haar,
|: schlaf in himmlischer Ruh. :|

2. Stille Nacht, heilige Nacht!
Hirten erst kundgemacht;
durch der Engel Halleluja
tönt es laut von fern und nah:
|: Christ der Retter ist da. :|

3. Stille Nacht, heilige Nacht!
Gottes Sohn, o wie lacht
Lieb aus deinem göttlichen Mund,
da uns schlägt die rettende Stund,
|: Christ, in deiner Geburt. :|

Text: Josef Mohr / Melodie: Franz Gruber

HEILIGSTE NACHT

Heiligste Nacht, heiligste Nacht!
Finsternis weichet, es strahlet hienieden
lieblich und prächtig vom Himmel ein Licht,
Engel erscheinen, verkünden den Frieden,
Frieden den Menschen, wer freuet sich nicht?
Kommet, ihr Christen, o kommet geschwind!
Seht da die Hirten, wie eilig sie sind!
Eilt mit nach Davids Stadt! Den Gott verheißen hat,
liegt dort als Kind, liegt dort als Kind!

1. Heiligste Nacht, heiligste Nacht!
Finsternis weichet, es strahlet hienieden
lieblich und prächtig vom Himmel ein Licht.
Engel erscheinen, verkünden den Frieden,
Frieden den Menschen, wer freuet sich nicht?
Kommet, ihr Christen, o kommet geschwind!
Seht da die Hirten, wie eilig sie sind!
Eilt mit nach Davids Stadt!
Den Gott verheißen hat,
liegt dort als Kind, liegt dort als Kind!

2. Göttliches Kind, göttliches Kind!
Du, der gottseliger Väter Verlangen,
Zweig, so der Wurzel aus Jesse entsprießt,
laß dich mit inniger Liebe umfangen,
sei mir mit herzlicher Demut gegrüßt!
Göttlicher Heiland, der Christenheit Haupt,
was uns der Sündenfall Adams geraubt,
schenket uns deine Huld,
sie tilgt die Sündenschuld
jedem, der glaubt, jedem, der glaubt!

Melodie und Text: Aus dem Rheinland

NIEMALS WAR DIE NACHT SO KLAR

1. Niemals war die Nacht so klar.
Niemals war für alle Menschen eine Zeit so wunderbar.
Blast, Klarinetten, schmettert, Trompeten,
macht mit den Orgelpfeifen süßen Schall.
Um sich uns Armen still zu erbarmen kam heut' der
                                      Heiland in dies Erdental.

2. Singt Triumph mit süßem Klang
daß die Erde sich erfülle

mit Gesang und Saitenklang.
|: Blast, Klarinetten, schmettert, Trompeten :|

3. Nun ist alle unsere Not,
nun ist unser tiefes Elend
durch des Königs Ankunft tot.
|: Blast, Klarinetten, schmettert, Trompeten :|

Aus dem linksrheinischen Grenzland

IHR KINDERLEIN KOMMET

1. Ihr Kinderlein kommet, o kommet doch all!
Zur Krippe her kommet in Bethlehems Stall.
Und seht, was in dieser hochheiligen Nacht
der Vater im Himmel für Freude uns macht.

2. O seht in der Krippe im nächtlichen Stall,
seht hier bei des Lichtleins hellglänzendem Strahl
in reinlichen Windeln das himmlische Kind,
viel schöner und holder, als Engel es sind.

3. Da liegt es, das Kindlein, auf Heu und auf Stroh;
Maria und Joseph betrachten es froh.
Die redlichen Hirten knien betend davor;
hoch oben schwebt jubelnd der Engelein Chor.

4. O beugt wie die Hirten anbetend die Knie,
erhebet die Händlein und danket wie sie.
Stimmt freudig, ihr Kinder — wer sollt sich nicht
freun? —,
stimmt freudig zum Jubel der Engel mit ein!

5. Was geben wir Kinder, was schenken wir dir,
du bestes und liebstes der Kinder, dafür?
Nichts willst du von Schätzen und Reichtum der Welt,
ein Herz nur voll Demut allein dir gefällt.

DU KIND, ZU DIESER HEILIGEN ZEIT

1. Du Kind, zu dieser heiligen Zeit
gedenken wir auch an dein Leid,
das wir zu dieser späten Nacht
durch unsere Schuld auf dich gebracht.
Kyrieleison.

2. Die Welt ist heut voll Freudenhall.
Du aber liegst im armen Stall.
Dein Urteilsspruch ist längst gefällt,
das Kreuz ist dir schon aufgestellt.
Kyrieleison.

3. Die Welt liegt heut im Freudenlicht.
Dein aber harret das Gericht.
Dein Elend wendet keiner ab.
Vor deiner Krippe gähnt das Grab.
Kyrieleison.

4. Die Welt ist heut an Liedern reich.
Dich aber bettet keiner weich
und singt dich ein zu lindem Schlaf.
Wir häuften auf dich unsere Straf.
Kyrieleison.

5. Wenn wir mit dir einst auferstehn
und dich von Angesichte sehn,
dann erst ist ohne Bitterkeit
das Herz uns zum Gesange weit.
Hosianna.

Melodie: Gerhard Schwarz; Text: Jochen Klepper

O SELIGE NACHT

1. O selige Nacht'
In himmlischer Pracht
erscheint auf der Weide
ein Bote der Freude
den Hirten, die nächtlich die Herde bewacht.

2. Wie tröstlich er spricht:
»O fürchtet euch nicht!
Ihr waret verloren,
heut ist euch geboren
der Heiland, der allen das Leben verspricht!

3. Seht Bethlehem dort,
den glücklichen Ort!
Da werdet ihr finden,
was wir euch verkünden,
das sehnlich erwartete göttliche Wort.«

4. Voll Freude sie sind.
Sie eilen geschwind
und finden im Stalle
das Heil für uns alle:
in Windeln gewickelt das göttliche Kind.

5. O tröstliche Zeit
die alle erfreut!
Sie lindert die Schmerzen,
sie wecket die Herzen
zum Danke, zur Liebe, zur himmlischen Freud.

Text: Christoph Bernhard Verspoell (1743–1818);
Melodie: Kaspar Carlis Gesangbuch, Augsburg 1800.

DER TAG DER IST SO FREUDENREICH

1. Der Tag der ist so freudenreich
aller Kreature;
denn Gottes Sohn vom Himmelreich
über die Nature
von einer Jungfrau ist geboren,
Maria, du bist auserkorn,
daß du Mutter wärest.
Was geschah so wunderlich?

Gottes Sohn vom Himmelreich
der ist Mensch geboren.

2. Ein Kindelein so löbelich
ist uns geboren heute
von einer Jungfrau säuberlich
zu Trost uns armen Leuten.
Wär uns das Kindlein nicht geborn,
so wärn wir allzumal verlorn;
das Heil ist unser aller.
»Ei Du süßer Jesu Christ,
daß Du Mensch geboren bist,
behüt' uns vor der Hölle.«

3. Groß Wunderding sich bald begab,
wie uns die Schrift tut melden:
ein Engel kam vom Himmel herab
zum Hirten auf das Felde.
Ein großes Licht sie da umfing.
Der Engel Gottes zu ihn' ging,
verkündt ihn' neue Märe,
wie daß zu Bethlehem in der Stadt
ein Jungfrau den geboren hat,
der aller Heiland wäre.

4. Die Hirten wurden freudenvoll,
da sie den Trost empfingen.
Ein jeder das Kind sehen wollt,
gen Bethlehem sie gingen.
In einer Kripp gewickelt ein
fanden sie das Kindelein,
wie ihn' der Engel gesaget.
Sie fielen nieder all zugleich
und lobten Gott vom Himmelreich,
der sie so hätt begnadet.

5. Dem sollen wir auch danken schon
um seine großen Gaben,
die wir sein' allerliebsten Sohn
von ihm empfangen haben
in eines kleinen Kinds Gestalt —
der doch regiert mit aller Gewalt
im Himmel und auf Erden.
Dem sei Lob, Ehr und Preis bereit'
samt Heiligem Geist in Ewigkeit
von allen Kreaturen.

Melodie und Text: Aus dem 15. Jahrhundert

JOSEPH, LIEBER JOSEPH MEIN
Das Wiegen

JOSEPH, LIEBER JOSEPH MEIN

1. Joseph, lieber Joseph mein,
hilf mir wieg'n mein Kindelein,
Gott der wird dein Lohner sein,
im Himmelreich,
der Jungfrau Kind Maria.

Joseph:
Gerne, liebe Maria mein,
helf ich wiegen dein Kindelein,
Gott der wird mein Lohner sein,
im Himmelreich,
der Jungfrau Sohn Maria.

Knecht:
Süßer Jesu auserkor'n,
weißt wohl, daß wir war'n verlor'n,
still uns deines Vaters Zorn,
dich hat gebor'n
die reine Magd Maria.

Aus dem 14. Jahrhundert

AUF DEM BERGE DA GEHT DER WIND

Auf dem Berge da geht der Wind, da wiegt die Maria ihr Kind mit ihrer schlohengel-weißen Hand, sie hat dazu kein Wiegenband. „Ach Joseph, lieber Joseph mein, ach hilf mir wiegen mein Kindelein!" „Wie kann ich dir denn dein Kindlein wiegn? Ich kann ja kaum selber die Finger biegn." Schum, schei, schum, schei.

1. Auf dem Berge da geht der Wind,
da wiegt die Maria ihr Kind
mit ihrer schlohengelweißen Hand,
sie hat dazu kein Wiegenband.
»Ach Joseph, lieber Joseph mein,
ach hilf mir wiegen mein Kindelein!«
»Wie kann ich dir denn dein Kindlein wiegn?
Ich kann ja kaum selber die Finger biegn.«
Schum, schei, schum, schei.

Melodie und Text: Aus Oberschlesien

STILL, STILL, STILL, WEILS KINDLEIN SCHLAFEN WILL

1. Still, still, still, weils Kindlein schlafen will!
Maria tut es niedersingen,
ihre keusche Brust darbringen.
Still, still, still, weils Kindlein schlafen will.

2. Schlaf, schlaf, schlaf, mein liebes Kindlein schlaf!
Die Engel tun schön musizieren,
vor dem Kindlein jubilieren.
Schlaf, schlaf, schlaf, mein liebes Kindlein schlaf!

3. Groß, groß, groß, die Lieb ist übergroß.
Gott hat den Himmelsthron verlassen
und muß reisen auf der Straßen.
Groß, groß, groß, die Lieb ist übergroß.

4. Auf, auf, auf, ihr Adamskinder auf!
Fallet Jesum all zu Füßen,
weil er für uns d'Sünd tut büßen!
Auf, auf, auf, ihr Adamskinder auf!

5. Wir, wir, wir, wir rufen all zu dir:
Tu uns des Himmels Reich aufschließen,
wenn wir einmal sterben müssen.
Wir, wir, wir, wir rufen all zu dir.

Melodie und Text: Aus dem Salzkammergut

LASST UNS DAS KINDLEIN WIEGEN

Laßt uns das Kind-lein wie - gen,
das Herz zum Kripp-lein bie - gen.

Laßt uns im Geist er - freu - en,
das Kind-lein be-ne-dei - en:

„O Je - su-lein süß, o Je - su-lein süß."

1. Laßt uns das Kindlein wiegen,
das Herz zum Kripplein biegen.
Laßt uns im Geist erfreuen,
das Kindlein benedeien:
»O Jesulein süß, o Jesulein süß.«

2. Laßt uns dem Kindlein neigen,
ihm Lieb und Dienst erzeigen.
Laßt uns doch jubilieren
und geistlich triumphieren:
»O Jesulein süß, o Jesulein süß.«

3. Laßt uns dem Kindlein singen,
ihm unser Opfer bringen,
ihm alle Ehr beweisen
mit Loben und mit Preisen:
»O Jesulein süß, o Jesulein süß.«

4. Laßt uns sein Diener werden,
dieweil wir leben auf Erden:
es wird uns wohl belohnen
mit der himmlischen Kronen.
»O Jesulein süß, o Jesulein süß.«

Melodie und Text: Gesangbuch A. Quentel, Köln 1619

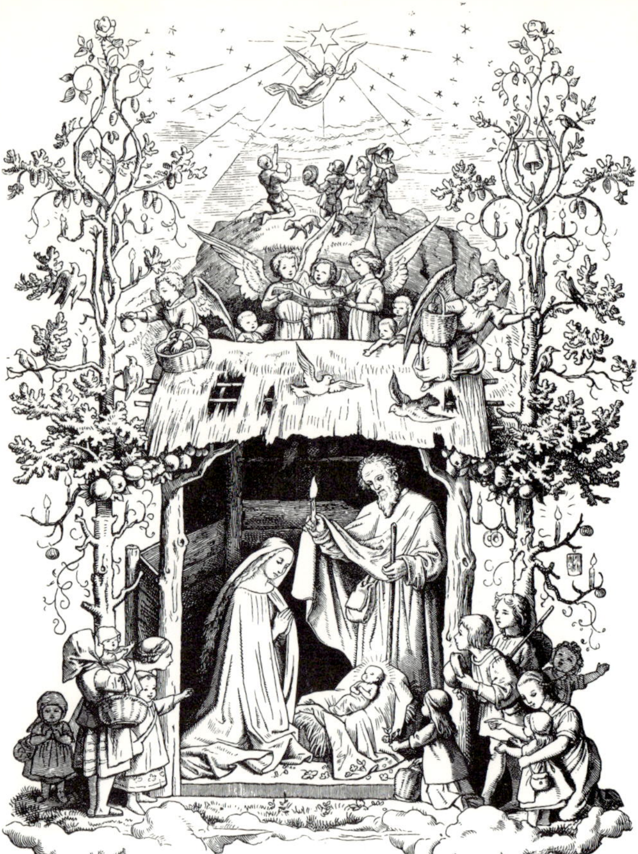

SEI UNS WILLKOMMEN
Die Weihnacht

SEI UNS WILLKOMMEN, HERRE CHRIST

1. Sei uns willkommen, Herre Christ,
der du unser aller Herre bist.
Sei willkommen, lieber Herre,
hier auf der Erde recht mit Ehren.
Kyrieleis.

2. Gott ist geboren, unser Trost,
der hat durch sein Kreuz die Welt erlöst.
Sei willkommen, lieber Herre,
hier auf der Erde recht mit Ehren.
Kyrieleis.

Text und Melodie: Aachen 13./14. Jh.

NUN SEI UNS WILLKOMMEN, HERRE CHRIST

Nun sei uns willkommen, Herre Christ,
der du unser aller Herre bist,
willkommen auf Erden!

Melodie und Text: nach einem flämischen Lied des 17. Jahrhunderts; Kanon: Walter Rein

CHRISTUM WIR SOLLEN LOBEN SCHON

1. Christum wir sollen loben schon,
der reinen Magd Marien Sohn,
so weit die liebe Sonne leucht'
und an aller Welt Ende reicht.

2. Der selig Schöpfer aller Ding
zog an eins Knechtes Leib gering,
daß er das Fleisch durchs Fleisch erwürb
und sein Geschöpf nicht ganz verdürb.

3. Des Himmels Chör sich freuen drob,
die Engel singen Gott zu Lob.
Den armen Hirten wird vermeldt
der Hirt und Schöpfer aller Welt.

4. »Lob, Ehr und Dank sei Dir gesagt,
Christe, geborn von reiner Magd,
mit Vater und dem Heiligen Geist
von nun an bis in Ewigkeit.«
Amen.

Nach dem Hymnus »A solis ortus cardine«
Melodie: 5. Jahrhundert / Text: Martin Luther

QUEM PASTORES LAUDAVERE

Quem pa - sto - res lau - da - ve - re,
Den die Hir - ten lob - ten seh - re

qui - bus an - ge - li di - xe - re:
und die En - gel noch viel meh - re,

ab - sit vo - bis iam ti - me - re,
fürcht' euch für - baß nim - mer - meh - re,

na - tus est rex glo - ri - æ.
euch ist ge - born ein König der Ehrn.

Nunc an - ge - lo - rum glo - ri - a
Heut sein die lie - ben En - ge - lein

ho - mi - ni - bus re - splen - du - it in
in hel - lem Schein er - schie - nen bei der

mun - do, quam ce - le - bris vic - to - ri - a
Nach - te den Hir - ten, die ihr Schä - fe - lein

re - co - li - tur in cor - de læ - ta -
bei Mon - denschein im wei - ten Feld be -

bun - do; no - vi par - tus gau - di - a
wach - ten. Gro - ße Freud und gu - te Mär

vir - go ma - ter pro - du - xit, et
wolln wir euch of - fen - ba - ren, die

sol ve - rus in te - ne - bris il - lu - xit.
euch und al - ler Welt soll wi - der - fah - ren:

Mag - num no - men Do - mi - ni E - ma - nu - el,
Got - tes Sohn ist Mensch ge - born, ist Mensch geborn,

quod an - nun - ti - a - tum est per Ga - bri - el.
hat ver - söhnt des Va - ters Zorn, des Va - ters Zorn.

1. Quem pastores laudavere,
quibus angeli dixere:
absit vobis iam timere,
natus est rex gloriae.

Chorus: Nunc angelorum gloria hominibus
resplenduit in mundo
quam celebris victoria recolitur
in corde laetabundo;
novi partus gaudia virgo mater produxit,

et sol verus in tenebris illuxit.
Magnum nomen Domini Emanuel,
quod annuntiatum est per Gabriel.

1. Den die Hirten lobten sehre
und die Engel noch viel mehre,
fürcht' euch fürbaß nimmermehre,
euch ist geboren ein König der Ehrn.

Alle: Heut sein die lieben Engelein
in hellem Schein erschienen bei der Nachte
den Hirten, die ihr Schäfelein bei Mondenschein
im weiten Feld bewachten.
Große Freud und gute Mär wolln wir euch offenbaren,
die euch und aller Welt soll widerfahren:
Gottes Sohn ist Mensch geborn, ist Mensch geborn,
hat versöhnt des Vaters Zorn, des Vaters Zorn.

2. I: Ad quem reges ambulabant,
II: aurum, thus, myrrham portabant,
III: immolabant haec sincere
IV: leoni victoriae.

Chorus: Pastores, palam dicite
in Bethlehem,
quem genuit Maria,
Deum verum et hominem,
errantium
qui est salus et vita.
Lux de coelo claruit
pace iam reparata,
et genitrix permansit illibata.
Magnum nomen ...

2. I: Zu dem die Könige kamen geritten,
II: Gold, Weihrauch, Myrrhen brachten sie mitte.
III: Sie fielen nieder auf ihre Knie:
IV: Gelobet seist Du, Herr, allhie.

Alle: Sein' Sohn die göttlich Majestät
euch geben hat
und ein Menschen lassen werden.
Ein Jungfrau ihn geboren hat
in Davids Stadt,
da ihr ihn finden werdet
liegend in eim Krippelein
nackend, bloß und elende,
daß er all euer Elend von euch wende.
Gottes Sohn ...

3. I: Exsultemus cum Maria
II: in coelesti hierarchia,
III: natum promat voce pia
IV: laus, honor et gloria.

Chorus: Magnum nomen Domini Emanuel,
quod est nobiscum Deus.
Culpae datur hodie
remissio;
laetetur homo reus.
Redemptori Domino
redempti iubilemus;
hic est dies et annus iubilaeus.
Magnum nomen ...

3. I: Freut euch heute mit Maria
II: in der himmlischen Hierarchia,
III: da die Engel singen alle
IV: in dem Himmel hoch mit Schalle.

Alle: Darnach sangen die Engelein:
»Gebt Gott allein
im Himmel Preis und Ehre.
Groß Friede wird auf Erden sein,
des sollen sich freun
die Menschen alle sehre
und ein Wohlgefallen han:
der Heiland ist gekommen,
hat euch zu gut das Fleisch an sich genommen.«
Gottes Sohn ...

4. I: Christo regi, Deo nato,
II: per Mariam nobis dato,
III: merito resonet vere
IV: laus, honor et gloria.

Chorus: »Rex regum natus hodie
de virgine,
conserva nos constantes,
ut post hanc vitam fragilem
sempiternam
simus participantes.«
Laus, honor et gloria
sit Deo in excelsis,
hominibus pax bonae voluntatis.
Magnum nomen ...

4. I: Lobt, ihr Menschen alle gleiche,
II: Gottes Sohn vom Himmelreiche;
III: dem gebt jetzt und immer mehre
IV: Lob und Preis und Dank und Ehre.

Alle: Die Hirten sprachen: »Nun wohlan,
so laßt uns gahn
und diese Ding erfahren,

die uns der Herr hat kundgetan;
das Vieh laßt stahn,
er wirds indes bewahren.«
Da fanden sie das Kindelein
in Tüchelein gehüllet,
das alle Welt mit seiner Macht erfüllet.
Gottes Sohn . . .

Melodie: 14. Jahrhundert, bei Valentin Triller 1555;
Text: bei Matthäus Ludecus 1589 und Nicolaus Herman 1560

IN DULCI JUBILO

1. In dulci jubilo
nun singet und seid froh:
Unsers Herzens Wonne liegt
in praesepio
und leuchtet wie die Sonne
matris in gremio.
Alpha es et O,
Alpha es et O.

2. O Jesu parvule,
nach dir ist mir so weh.
Tröst mir mein Gemüte,
o puer optime,
durch alle deine Güte,
o princeps gloriae.

Trahe me post te,
trahe me post te.

3. Ubi sunt gaudia?
Nirgends mehr denn da,
wo die Engel singen
nova cantica
und die Zimbeln klingen
in regis curia.
Eja qualia,
eja qualia!

Melodie und Text: Aus dem 14. Jahrhundert

GELOBET SEIST DU, JESU CHRIST

1. »Gelobet seist Du, Jesu Christ,
daß Du Mensch geboren bist
von einer Jungfrau, das ist wahr,
des freuet sich der Engelschar.« Kyrieleis.

2. Des ewigen Vaters einig Kind
jetzt man in der Krippen findt;
in unser armes Fleisch und Blut
verkleidet sich das ewig Gut.
Kyrieleis.

3. Den aller Welt Kreis nie beschloß,
der liegt in Marien Schoß;
er ist ein Kindlein worden klein,
der alle Ding erhält allein.
Kyrieleis.

4. Das ewig Licht geht da herein,
gibt der Welt ein' neuen Schein;

es leucht' wohl mitten in der Nacht
und uns des Lichtes Kinder macht.
Kyrieleis.

5. Der Sohn des Vaters, Gott von Art,
ein Gast in der Welt hie ward
und führt uns aus dem Jammertal;
er macht uns Erben in seim Saal.
Kyrieleis.

6. Er ist auf Erden kommen arm,
daß er unser sich erbarm
und in dem Himmel mache reich
und seinen lieben Engeln gleich.
Kyrieleis.

7. Das hat er alles uns getan,
sein groß Lieb zu zeigen an.
Des freu sich alle Christenheit
und dank ihm des in Ewigkeit.
Kyrieleis.

Melodie: 15. Jahrhundert;
Text: (Str. 2–7): Martin Luther

LOBT GOTT, IHR CHRISTEN

1. Lobt Gott, ihr Christen, alle gleich
in seinem höchsten Thron,
der heut schließt auf sein Himmelreich
und schenkt uns seinen Sohn.

2. Er kommt aus seines Vaters Schoß
und wird ein Kindlein klein,
er liegt dort elend, nackt und bloß
in einem Krippelein.

3. Er äußert sich all seiner Gewalt,
wird niedrig und gering
und nimmt an sich eins Knechts Gestalt,
der Schöpfer aller Ding.

4. Er liegt an seiner Mutter Brust,
ihr Milch die ist sein Speis —
an dem die Engel sehn ihr Lust,
denn er ist Davids Reis,

5. das aus seim Stamm entsprießen sollt
in dieser letzten Zeit —
durch welchen Gott aufrichten wollt
sein Reich, die Christenheit.

6. Er wechselt mit uns wunderlich:
Fleisch und Blut nimmt er an
und gibt uns in seins Vaters Reich
die klare Gottheit dran.

7. Er wird ein Knecht und ich ein Herr,
das mag ein Wechsel sein!
Wie könnt er doch sein freundlicher,
das herze Jesulein.

8. Heut schleußt er wieder auf die Tür
zum schönen Paradeis;
der Cherub steht nicht mehr dafür,
Gott sei Lob, Ehr und Preis!

Melodie: Liederblatt N. Herman 1554
Text: Nikolaus Herman.

ES IST EIN ROS ENTSPRUNGEN

Es ist ein Ros entsprungen aus einer Wurzel zart, und hat ein Blümlein bracht mitten im kalten Winter wohl zu der halben Nacht.

als uns die Alten sungen: von Jesse kam die Art

1. Es ist ein Ros entsprungen
aus einer Wurzel zart,
als uns die Alten sungen: von Jesse kam die Art
und hat ein Blümlein bracht
mitten im kalten Winter
wohl zu der halben Nacht.

2. Das Röslein, das ich meine,
davon Jesaias sagt,
ist Maria die reine,
die uns das Blümlein bracht.
Aus Gottes ewgem Rat
hat sie ein Kind geboren
und blieb ein reine Magd.

3. Das Blümlein so kleine
das duftet uns so süß;
mit seinem hellen Scheine
vertreibts die Finsternis:

wahr' Mensch und wahrer Gott,
hilft uns aus allem Leide,
rettet von Sünd und Tod.

4. »O Jesu, bis zum Scheiden
aus diesem Jammertal
laß Dein Hilf uns geleiten
hin in den Freudensaal,
in Deines Vaters Reich,
da wir Dich ewig loben.
O Gott, uns das verleih.«

Melodie: Speierisches Gesangbuch Köln 1599;
Text Strophen 1 und 2: bei M. Praetorius 1609,
Strophe 3 und 4: bei Friedrich Layriz 1844

ZU BETHLEHEM GEBOREN

1. Zu Bethlehem geboren
ist uns ein Kindelein.
Das hab ich auserkoren,
sein eigen will ich sein.
Eja, eja, sein eigen will ich sein.

2. In seine Lieb versenken
will ich mich ganz hinab,
mein Herz will ich ihm schenken
und alles, was ich hab.

3. »O Kindelein, von Herzen
will ich Dich lieben sehr
in Freuden und in Schmerzen,
je länger mehr und mehr.

4. Dich, wahren Gott, ich finde
in meinem Fleisch und Blut,
darum ich fest mich binde
an Dich, mein höchstes Gut.

5. Dazu Dein Gnad mir gebe,
bitt ich aus Herzens Grund,
daß ich allein Dir lebe
jetzt und zu aller Stund.

6. Laß mich von Dir nicht scheiden,
knüpf zu, knüpf zu das Band
der Liebe zwischen beiden.
Nimm hin mein Herz zum Pfand.«

Melodie: Paris 1599, Köln 1638;
Text: Friedrich von Spee

LIEB NACHTIGALL, WACH AUF

1. Lieb Nachtigall wach auf!
Wach auf, du schönes Vögelein
auf jenem grünen Zweigelein,
wach hurtig ohn' Verschnauf.
Dem Kindelein auserkoren,
heut geboren, halb erfroren,
sing, sing, sing,
dem zarten Jesulein.

2. Flieg her zum Krippelein!
Flieg her, geliebtes Schwesterlein,
blas an dem feinen Psalterlein,
sing, Nachtigall, gar fein.
Dem Kindelein musiziere,
koloriere, jubiliere,
sing, sing, sing
dem süßen Jesulein!

3. Stimm, Nachtigall, stimm an!
Den Takt gib mit den Federlein,
auch freudig schwing die Flügelein,
erstreck dein Hälselein!
Der Schöpfer dein Mensch will werden
mit Geberden hier auf Erden:
Sing, sing, sing
dem werten Jesulein!

Melodie und Text: Bamberg 1670

NUN FREUT EUCH, IHR CHRISTEN

1. Nun freut euch, ihr Christen,
singet Jubellieder
und kommet, o kommet nach Bethlehem.
Christus der Heiland stieg zu uns hernieder.
Kommt, lasset uns anbeten,
kommt, lasset uns anbeten,
kommt, lasset uns anbeten den König, den Herrn.

2. O sehet, die Hirten
eilen von den Herden
und suchen das Kind nach des Engels Wort;
gehn wir mit ihnen, Friede soll uns werden.

3. Der Abglanz des Vaters,
Herr der Herren alle,
ist heute erschienen in unserm Fleisch:
Gott ist geboren als ein Kind im Stalle.

4. Kommt, singet dem Herren,
singt, ihr Engelchöre.
Frohlocket, frohlocket, ihr Seligen.
Himmel und Erde bringen Gott die Ehre.

*Text: nach »Adeste fideles« des Abbé Borderies um 1790;
Melodie: John Reading 17. Jh.*

ICH STEH AN DEINER KRIPPE HIER

1. »Ich steh an Deiner Krippe hier,
o Jesu, Du mein Leben;
ich komme, bring und schenke Dir,
was Du mir hast gegeben.
Nimm hin, es ist mein Geist und Sinn,
Herz, Seel und Mut, nimm alles hin
und laß Dirs wohlgefallen.

2. Da ich noch nicht geboren war,
da bist Du mir geboren
und hast Dich mir zu eigen gar,
eh ich Dich kannt, erkoren.
Eh ich durch Deine Hand gemacht,
da hast Du schon bei Dir bedacht,
wie Du mein wolltest werden.

3. Ich lag in tiefer Todesnacht,
Du warest meine Sonne,
die Sonne, die mir zugebracht
Licht, Leben, Freud und Wonne.
O Sonne, die das werte Licht
des Glaubens in mir zugericht',
wie schön sind Deine Strahlen.

4. Ich sehe Dich mit Freuden an
und kann mich nicht satt sehen;
und weil ich nun nichts weiter kann,
bleib ich anbetend stehen.
O daß mein Sinn ein Abgrund wär
und meine Seel ein weites Meer,
daß ich Dich möchte fassen.«

Melodie: Johann Sebastian Bach (Gesangbuch Schemelli 1736)
Text: Paul Gerhardt

O DU MEIN LIEBES JESULEIN

O— du mein lie-bes Je-su-lein, was hast du all' zu tun! Vom Abend bis zum Mor-gen hast du so viel zu sor-gen; o— du mein lie-bes Je-su-lein, was hast du all' zu tun! Die Ster-ne wol-len blin-ken, die Er-de die soll trin-ken, die Son-ne die soll glü-hen, die Bäu-me wollen blü-hen, die Menschen wollen la-chen, die Freude soll er-wa-chen, und all den Tränen-jam-mer ver-treibst du aus der Kam-mer.

Von vorn bis 𝄐

O du mein liebes Jesulein,
was hast du all zu tun!
Vom Abend bis zum Morgen,
hast du so viel zu sorgen;
o du mein liebes Jesulein,
was hast du all zu tun!
Die Sterne wollen blinken,
die Erde die soll trinken,
die Sonne die soll glühen,
die Bäume wollen blühen,
die Menschen wollen lachen,
die Freude soll erwachen,
und all den Tränenjammer
vertreibst du aus der Kammer.

Aus dem linksrheinischen Grenzland,
bearbeitet von Ernst Klusen

DEN GEBOREN HAT EIN MAGD

1. Den geboren hat ein Magd, hat der Welt das Leben bracht
und den bösen Feind verjagt und aller seiner Macht beraubt.
Su su su su su! Schlaf, mein liebes Kindelein!

2. O du liebes Kindelein, wollst doch unsre Freude sein
nun und alle Ewigkeit, denn du bist unser Herr allzeit.
Su su su s u su! Schlaf, mein liebes Kindelein!

Melodie und Text: Andernacher Gesangbuch, Köln 1608

DER DU DIE WELT GESCHAFFEN HAST

1. Der du die Welt geschaffen hast,
kommst Jahr um Jahr, wirst unser Gast.
Und Jahr um Jahr heißts überall:
für uns das Haus, für ihn den Stall.

2. Und Jahr um Jahre führt der Pfad
von Bethlehem zur Schädelstatt.
Der Jahr um Jahr ihn kundgetan,
begreift der Engel Gottes Plan?

3. Begreift der Wirt, ihm kommt zugut
des Gastes hingemordet Blut?
Begreife, wer begreifen kann.
Wir knien im Staub, wir beten an.

Melodie: Hans Friedrich Micheelsen
Text: Rudolf Alexander Schröder

WIR HARREN CHRIST, IN DUNKLER ZEIT

1. »Wir harren, Christ, in dunkler Zeit;
gib Deinen Stern uns zum Geleit
auf winterlichem Feld.
Du kamest sonst doch Jahr um Jahr,
nimm heut auch unsrer Armut wahr
in der verworrenen Welt.

2. Es geht uns nicht um bunten Traum
von Kinderlust und Lichterbaum;
wir bitten, blick uns an
und laß uns schaun Dein Angesicht,
drin jedermann, was ihm gebricht,
gar leicht verschmerzen kann.

3. Es darf nicht immer Friede sein;
wer's recht begriff, der gibt sich drein.
Hat jedes seine Zeit.
Nur Deinen Frieden, lieber Herr,
begehren wir je mehr und mehr,
je mehr die Welt voll Streit.«

Melodie: Christian Lahusen;
Text: Rudolf Alexander Schröder

WIR SUCHEN DICH NICHT

1. Wir suchen dich nicht.
Wir finden dich nicht.
Du suchst und findest uns, ewiges Licht.
Wir können dich, Kind in der Krippe, nicht fassen,
wir können die Botschaft nur wahr sein lassen.

2. Wir lieben dich wenig.
Wir dienen dir schlecht.
Du liebst und dienst uns, ewiger Knecht.
Wir können dich, Kind in der Krippe, nicht fassen,
wir können die Botschaft nur wahr sein lassen.

3. Wir eifern im Unsern
am selbstischen Ort.
Du mußt um uns eifern, ewiges Wort.
Wir können dich, Kind in der Krippe, nicht fassen,
wir können die Botschaft nur wahr sein lassen.

Melodie: Paul Ernst Ruppel 1968/1969; Text: Albrecht Goes 1950

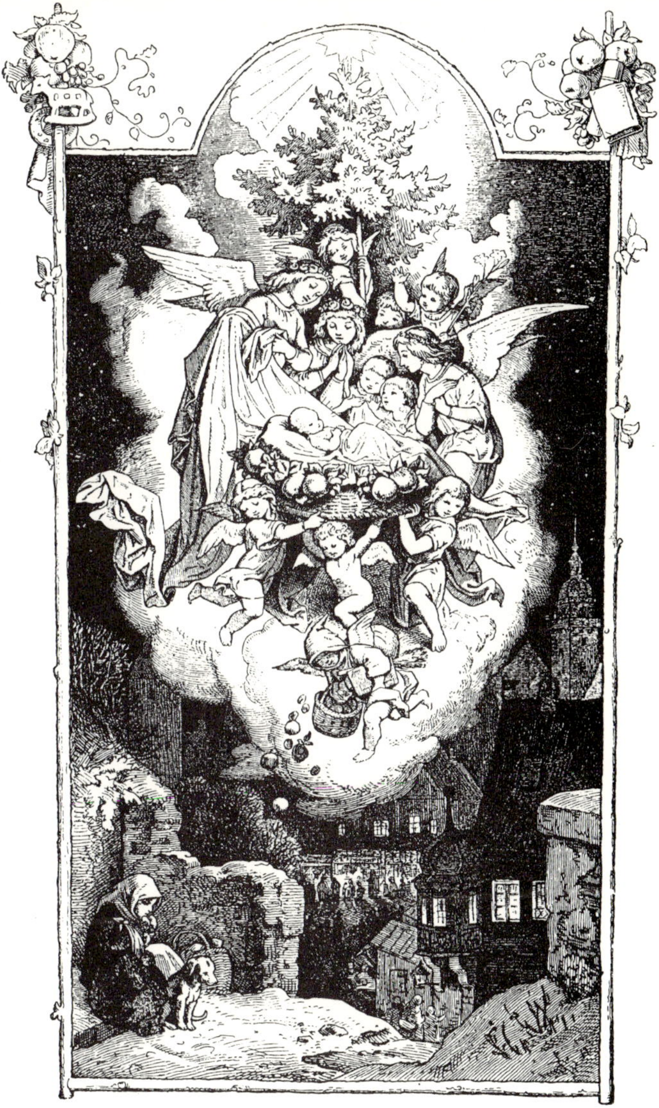

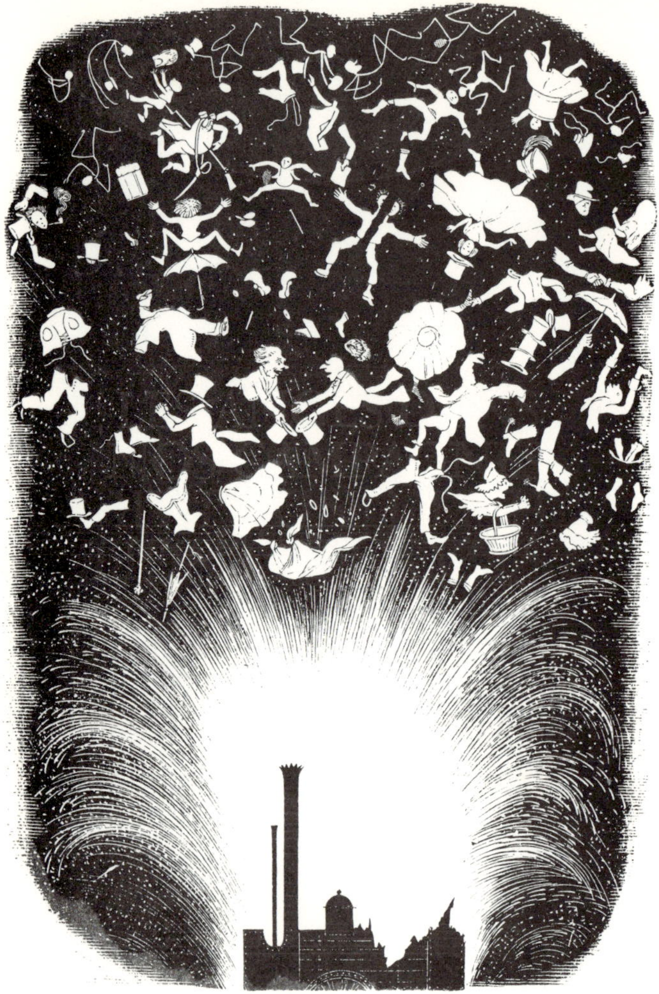

DAS NEUE JAHR

NU WOLLE GOTT, DASS UNSER GSANG

Nu wolle Gott, daß unser Gsang
mit Lust und Freud von Herzen gang,
zu wünschen euch ein neues Jahr
und er's in Gnaden mache wahr.

Melodie: 1584

ANDACHTSJODLER

Tjo tjoiri, tjo tjoiri, tjo tjo riidi joe tjoiri

Aus Tirol

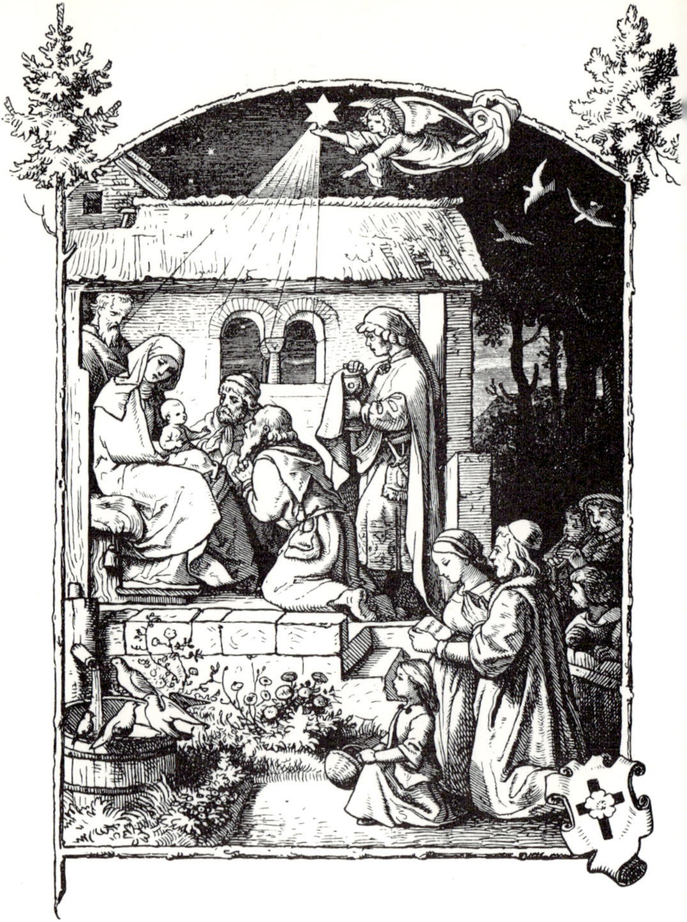

WIE SCHÖN LEUCHT' UNS DER MORGENSTERN

Die drei Könige

DIE HEIL'GEN DREI KÖNIG MIT IHRIGEM STERN

1. Die heil'gen drei König' mit ihrigem Stern,
die kommen gegangen, ihr Frauen und Herrn.
Der Stern gab ihnen den Schein;
ein neues Reich geht uns herein.

2. Die heil'gen drei König' mit ihrigem Stern,
sie bringen dem Kindlein das Opfer so gern.
Sie reisen in schneller Eil,
in dreizehn Tag vierhundert Meil.

3. Die heil'gen drei König' mit ihrigem Stern
knien nieder und ehren das Kindlein, den Herrn.
Ein selige, fröhliche Zeit
verleih uns Gott im Himmelreich!

Melodie und Text: Aus Oberbayern

STERNSINGERLIED

1. Wir kommen daher aus dem Morgenland,
wir kommen, geführt von Gottes Hand.
Wir wünschen euch ein fröhliches Jahr:
Kaspar, Melchior und Balthasar.

2. Es führt uns der Stern zur Krippe hin,
wir grüßen dich, Jesus, mit frommem Sinn.
Wir bringen dir unsere Gaben dar:
Weihrauch, Myrrhe und Gold fürwahr!

3. Wir bitten dich: Segne nun dieses Haus
und alle, die gehen da ein und aus!
Verleihe ihnen zu dieser Zeit
Frohsinn, Frieden und Einigkeit!

Melodie: Heinrich Rohr; Text: Maria Ferschl

UMZUG DER STERNSINGER

Wir wol-len heut sin-gen Gott Lob und Dank,
hier kom-men die Wei-sen aus Mor-gen-land!
Aus Mor-gen-land, aus Son-nen-land,
da, wo die Sonn' am höch-sten stand.

1. Wir wollen heut singen Gott Lob und Dank,
hier kommen die Weisen aus Morgenland!
Aus Morgenland, aus Sonnenland,
da, wo die Sonn' am höchsten stand.

2. Wir haben's gehört, es ist uns neu,
daß uns ein Kind geboren sei,
ein kleines Kind, ein großer Gott,
der Himmel und Erde erschaffen hat.

3. Wir gingen wohl über den Berg herfür
und kamen wohl vor des Herodes Tür.
Herodes in dem Fenster lag,
als er die Weisen kommen sah.

4. Herodes fragte mit Schimpf und Spott:
Ach Gott, wo ist das dritte Wort?
Das dritte Wort ist ungenannt,
hier kommen drei Weisen aus dem Morgenland.

5. Wir gingen nach Bethlehem auf den Höhn,
da blieb der Stern wohl stille stehn,
wohl stille stehn, wohl stille stehn,
da blieb der Stern wohl stille stehn.

(Der Stern wird jetzt nicht mehr gedreht.)

6. Da gingen wir in das Haus hinein
und fanden Maria und das Kindelein.
Da taten wir unsere Schätze auf
und schenkten dem Kinde Gold, Weiherauch.

(Die drei Könige knien nieder.)

Text und Melodie: Rheinisch-Bergisch,
aus dem Volksmund, um 1930 aufgezeichnet.

EIN KIND GEBORN ZU BETHLEHEM

1. Ein Kind geborn zu Bethlehem, Bethlehem; —
des freuet sich Jerusalem.
Halleluja, Halleluja.

2. Hier liegt es in dem Krippelein, — Krippelein;
ohn Ende ist die Herrschaft sein.
Halleluja, Halleluja.

3. Die König' aus Saba kamen her, — kamen her;
Gold, Weihrauch, Myrrhe brachten sie dar.
Halleluja, Halleluja.

4. Sie gingen in das Haus hinein, — Haus hinein
und grüßten das Kind und die Mutter sein.
Halleluja, Halleluja.

5. Sie fielen nieder auf ihre Knie, — ihre Knie
und sprachen: »Gott und Mensch ist hie.«
Halleluja, Halleluja.

6. Für solche gnadenreiche Zeit, — reiche Zeit
sei Gott gelobt in Ewigkeit.
Halleluja, Halleluja.

Melodie: bei Lucas Lossius 1553;
Text: 15. Jh. nach »Puer natus in Bethlehem«

ES FÜHRT DREI KÖNIG GOTTES HAND

1. Es führt drei König Gottes Hand
mit einem Stern aus Morgenland
zum Christkind durch Jerusalem
in einen Stall nach Bethlehem.
»Gott, führ uns auch zu diesem Kind
und mach aus uns sein Hofgesind.«

2. Der Stern war groß und wunderschön;
im Stern ein Kind mit einer Kron,
ein gülden Kreuz sein Zepter war
und alles wie die Sonne klar.
»O Gott, erleucht vom Himmel fern
die ganze Welt mit diesem Stern.«

3. Aus Morgenland in aller Eil —
kaum dreizehn Tag viel hundert Meil,

Berg auf, Berg ab, durch Reif und Schnee —
Gott suchten sie durch Meer und See.
»Zu Dir, o Gott, kein Pilgerfahrt
noch Weg noch Steg laß werden hart.«

4. Herodes sie kein Uhr noch Stund
in seinem Hof aufhalten kunnt:
des Königs Hof sie lassen stehn,
geschwind, geschwind zur Krippen gehn.
»Gott, laß uns auch nicht halten ab
vom guten Weg bis zu dem Grab.«

5. Sobald sie kamen zu dem Stall,
auf ihre Knie sie fielen all;
dem Kind sie brachten alle drei
Gold, Weihrauch, Myrrhen, Spezerei.
»O Gott, nimm auch von uns für gut
Herz, Leib und Seel, Gut, Ehr und Blut.«

6. Mit Weihrauch und gebognem Knie
erkannten sie die Gottheit hie,
mit Myrrhen seine Menschheit bloß
und mit dem Gold ein' König groß.
»O Gott, halt uns bei dieser Lehr,
kein Ketzerei laß wachsen mehr.«

7. Maria hieß sie willkomm sein,
legt ihn' ihr Kind ins Herz hinein:
das war ihr Zehrung auf dem Weg
und frei Geleit durch Weg und Steg.
Gott geb uns auch das Himmelsbrot
zur Stärkung in der letzten Not.

Melodie und Text: Gesangbuch Köln 1623

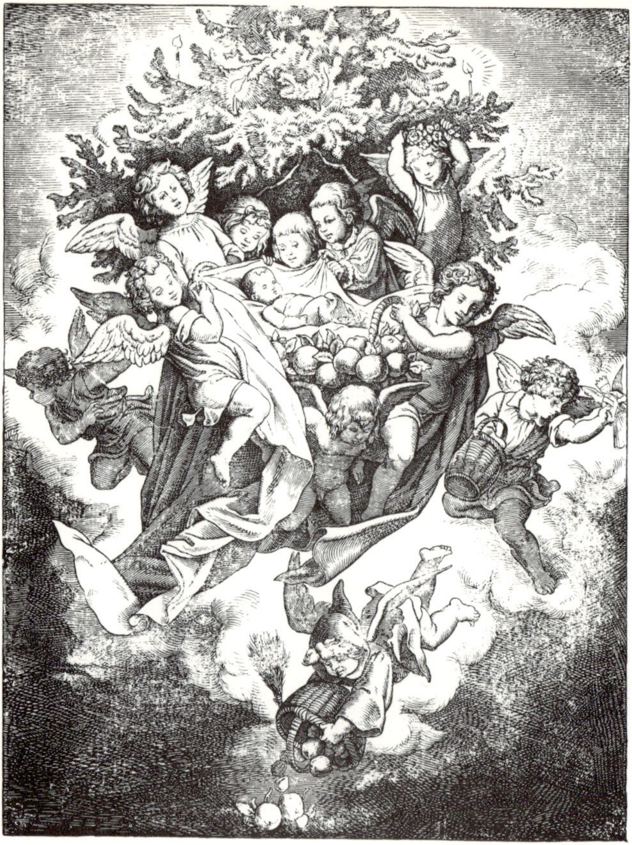

HÖRT UNS'RE BOTSCHAFT
Weihnachten in aller Welt

LES ANGES DANS NOS CAMPAGNES

1. Les anges dans nos campagnes ont entonné l'hymne des cieux,
et l'écho de nos montagnes redit ce chant mélodieux:
Gloria in excelsis Deo, Deo.

2. Bergers, pour qui cette fête? Quel est l'objet de tous ces chants?
Quel vainqueur, quelle conquête méritent ces chœurs triomphants?
Gloria in excelsis Deo, Deo.

3. Ils annoncent la naissance du saint Rédempteur
d'Israël,
et, pleins de reconnaissance, chantent dans ce jour
solennel:
Gloria in excelsis Deo, Deo.

Altes französisches Weihnachtslied

ENTRE LE BŒUF ET L'ÂNE GRIS

En-tre le bœuf et ─ l'â-ne gris dort, dort, dort le pe-tit fils; mille an-ges di-vins, mil-le sé-raphins vo-lent à l'en-tour de ce Dieu d'amour.

1. Entre le bœuf et l'âne gris dort, dort,
dort le petit fils; mille anges divins, mille séraphins
volent à l'entour de ce Dieu d'amour.

2. Entre les deux bras de Marie dort, dort, dort le petit
fils. Mille anges ...
3. Entre les roses et les lis dort, dort, dort le petit fils ...

4. En ce beau pourp'si solennel dort, dort, dort,
l'Emmanuel ...

1. Zwischen Ochs und Eselein eia, schläft das Kindelein,
tausend Seraphin, tausend Engel ziehn ihren Ringel-
reih'n um das Jesulein.

2. Zwischen den Armen der Jungfrau rein eia, schläft
das Kindelein. Tausend Seraphin ...